의사소통기술과 언어습관

김선남 · 김성현

박영story

들어가면서

저자는 30년 넘게 상담자로서 내담자를 돕는 일을 하고 있다. 그러다보니 어려움을 겪고 있는 많은 사람들에게 한 가지 공통점이 있는 것을 발견하고 있다. 그것은 가족생활에서 어려움을 지닌 사람은 학교생활, 사회생활, 직장생활에서도 똑같은 어려움을 겪으며 생활한다는 것이다. 내가 그들을 돕는 방식도 자연히 그들의 가족생활에서 부부관계, 부모-자녀관계, 그리고 형제관계에서 일어나는 의사소통방식, 관계성, 문제해결시도와 관련된 규칙들(고정관념들)을 알아보는 것이다.

많은 경험을 통해 의사소통방식(즉, 언어습관)이 변화하면, 관계성이 바뀌고, 관계성이 바뀌면, 문제해결시도와 관련된 규칙들에서도 융통성이 증대하여 가족생활에서 변화가 일어나고, 나아가 학교생활, 사회생활, 직장생활 등에서도 변화가 일어나 개인적인 어려움이 해소되거나 극복되는 것을 발견하였다. 그 결과 개인생활, 가족생활, 그리고 사회생활을 건강하게 할 수 있는 관건은 언어습관에 있다는 결론에 이르게 되었다.

사람들이 저마다 지니고 있는 언어습관은 그의 삶의 방향은 물론 그의 심리적·신체적인 건강까지 좌우하고 있는 것으로 보인다. 만약 자신의 언어습관이 관계성, 문제해결방식, 심리적·신체적 건강에 미치는 영향을 깊이 인식하고 변화된 언어를 습관으로 만들어 실천해 간다면, 자신의 어떤 상대와의 관계성도 개선되어 갈 것이고, 문제해결의 효율성도 증대되어 갈 뿐만 아니라, 자신의 심리적·신체적 건강도 점진적으로 증대되어 갈 것이다.

그런데 언어습관은 자신의 나이만큼 오랜 기간 나름의 생존전술로 습득되어 온 것이기 때문에, 언어습관 자체의 문제점을 인식하기가 쉽지 않으며, 설사 문제점을 인식하였다고 해도 습관으로 형성되어 있기 때문에 쉽게 변화시킬 수도 없다는 것을 발견하게 될 것이다.

이에 저자는 상담자로서 스스로 언어습관을 개선하려고 지금도 노력하고 있는 중이다. 바뀐 언어습관에 의해 가족생활에서, 사회생활에서 관계성이 개선되어 가고 있으며, 문제해결의 효율성이 증대되어 가고 있고, 무엇보다 심리적·신체적 건강이 향상되어 가고 있는 것을 경험하고 있다. 내 나이가 금년 우리 나이로 77세인데 60대의 신체적 나이와 심리적 건강을 유지하고 있다. 상담활동을 통해 이런 경험을 가능한 한 많은 사람들과 공유하고 싶다. 그래서 [의사소통기술과 언어습관]이란 제목을 붙인 책을 쓰기로 하였다.

2019년 11월
대표저자 김선남

차 례

PART 1
의사소통기술

PART 1 의사소통기술

의사소통기술의 개념과 더불어 중요성, 의사소통기술의 유형을 설명하려고 노력하였다.

1. 의사소통기술의 개념
2. 의사소통기술의 중요성
3. 의사소통기술의 유형

1. 의사소통기술의 개념

의사소통은 한 사람이 다른 사람의 메시지를 인식하고, 이해하고, 반응하는 능력으로서 서로 공통된 의미를 형성 공유하는 과정이라고 할 수 있으며, 두 사람 이상의 사이에서 언어적 형태와 비언어적 형태로 메시지의 교류가 이루어지는 것이다. 그러므로 의사소통은 사실, 생각, 의견, 감정의 교환을 통하여 서로를 이해하고 영향을 미치는 모든 과정으로 사회적 욕구를 충족하고 자존감과 자아정체감을 발달시킨다. 또한 의사소통하는 목적도 한 가지만 있는 것이 아니라 여러 목적이 복합적으로 작용하기 때문에 의사소통은 우리에게 개인적, 지적, 정서적인 정보를 전달해 주고 다른 사람들에게 우리의 사회적인 면모를 전달해 준다.

의사소통의 기본요소는 송신자, 수신자, 메시지, 채널, 피드백, 잡음, 세팅으로 이루어지며, 우리가 관련을 맺고 있는 사람이나 세상을 통해 메시지를 보내고, 받고, 해석하는 과정으로 정지된 하나의 단순한 행위가 아니라, 시간의 경과와 더불어 진행되며 상호 연결되는 일련의 행위이다. 그러므로 의사소통은 한 인간이 다른 인간들과의 관계를 발전시킬 수 있는 본질적인 과정이라 볼 수 있으며, 인간 상호간에 상징적 상호복합작용을 통하여 의미를 주고받는 반복적, 계속적, 나선적인 복잡한 과정들의 역동적 체제를 말한다.

의사소통 기능은 다음과 같이 정의할 수 있다. 첫째, 조직구성원 상호간에 정보를 교환하고 의사를 전달함으로써 조직의 목표달성을 해서 의사소통은 협동의 전제조건이며 조정의 수단이 될 수 있다. 둘째, 조직은 의사결정의 연속적 과정이며 그 속에서 효율적인 의사소통은 합리적인 의사결정의 수단이 될 수 있다. 셋째, 조직을 통솔하고 조직구성원의 사기를 높이는 수단이 된다. 즉, 조직원들은 의사소통을 통하여 참여감, 책임감, 소속감, 인정감, 유대감 등 사회심리학 욕구를 충족한다. 따라서 의사소통 기능은 조직의 목표를 달성하기 하여 개인 간 또는 집단 간에 의견이나 정보를 교환하게 하는 수단이 된다.

사회기술의 하나인 의사소통기술은 다른 사람에 대한 수용 여부에 영향을 미치는 중요한 기술로 타인과의 상호작용에 필수적인 수단이다. 상황과 환경에 적절한 의사소통기술을 지닌 청소년은 긍정적이고 바람직한 또래관계를 형성할 수 있으며, 적절한 의사소통기술을 수행하지 못하는 청소년은 또래관계를 비롯한 다양한 대인관계를 부정적으로 형성시킬 우려가 있다. 이러한 의사소통기술은 환경의 변화와 자극에 의해 발달하고 향상되며 개인의 고유한 지적 능력이라기보다는 대인관계의 맥락에서 형성되고 촉진되는 기술이므로, 효과적이고 적절한 중재전략을 통해 강화되거나 증진될 수 있다.

청소년들의 원만한 교우관계를 형성하는 가장 기본적인 요소인 의사소통은 효과적이고 만족스러운 교우관계를 형성하기 위해서 먼저 자신의 생각과 느낌을 상대방에게 정확히 전달하고, 자신도 상대방의 생각과 느낌을 효과적으로 정확하게 지각하는 의사소통기술을 익히는 것이 가장 기본적일 것이다. 요즘 많은 청소년들은 의사소통기술이 부족하여 대화시 상대방을 전혀 고려하지 않거나 공격적인 말투로 인해 친구와 싸움 및 갈등이 있고 자신의 의사를 정확하게 표현하지 못하여 스트레스를 받거나 대인관계에서 어려움을 겪는다.

의사소통기술은 청소년의 인간관계를 형성하는 데 많은 영향을 끼칠뿐만 아니라, 각자가 처한 위기와 갈등양상에 따른 문제해결의 주요 수단으로 활용되기도 하며 청소년기에 의사소통이 단절되거나 부족할 때에는 부적응행동을 유발시켜 사회적 문제행동이 초래될 수 있다. 또한 기능적으로 의사소통을 하지 못하는 청소년들은 대인관계에서 상대방의 의견을 경청하거나 긍정적인 반응을 하지 못하는 경향이 있을 수 있으며, 새로운 상황에 적절하게 행동하지 못할 수도 있다. 그러므로 사회적 관계가 더욱 확장되는 시기에 있는 청소년들에게 의사소통기법 훈련을 시키는 것은 그 자체로써 주체적이고 창조적이며 활기차고 원만한 인생을 살아갈 수 있도록 도와주는데 필요한 과정이다.

청소년기 학생들은 대부분 가정과 학교에서 의사소통이 이루어지므로, 가족이나 교우 등 대인 간의 관계변화에 따른 갈등이나 문제해결의 수단으로서의 원활한 의사소통은 개인의 정상적인 발달 및 대인관계 성향에 중요한 요인으로 간주되며, 부모와의 대화가 청소년의 자아를 형성하고 발전시키는데 매우 중요한 역할을 한다. 그러나 핵가족화 현상에서 비롯되는 부모가 자녀에 대한 지나친 기대와 애착으로 자녀들은 심리적 부담으로 작용하여 심한 정신적 혼란과 갈등을 겪고 있으며, 편부모 가정의 증가, 맞벌이 부부의 증가 등 가족구조의 변화는 가정에서의 부모－자녀

간의 대화의 부족으로 자녀들의 심리적 성장발달을 저해하는 현상을 초래하고 있다. 청소년 시기에 있는 자녀와 부모의 의사소통이 단절되거나 부족하면 자녀에게 부적응행동이 유발되어 정신건강에까지 영향을 미치고 날로 심각해지고 있는 청소년 비행 등의 사회문제를 야기시킬 수 있다.

또한 청소년 세대들은 인터넷을 기반으로 하는 그들만의 새로운 사회문화를 형성해 감에 따라 가족에서부터 친구에 이르기까지 주변 사람들과 더불어 사는 삶을 통해 효과적인 의사소통에 관한 기법을 익히는 학습활동의 경험은 점차 줄어들고, 학업성적이라는 획일적인 가치에 얽매여 생활하게 되므로 사회적 부적응행동이나 문제행동을 일으킬 수 있다. 그러므로 부적절한 의사소통기술을 가진 청소년은 또래관계를 부정적으로 형성하며, 또래로부터 거절당하거나 무시당하기 때문에 또래관계 질의 부정적 요인을 완화시키기 위해서 의사소통기술을 개선시키는 것이 중요하다.

이와 같이 의사소통은 한 사람이 다른 사람의 메시지를 인식하고, 이해하고, 반응하는 능력으로서 두 사람 이상의 사이에서 언어적, 비언어적 형태로 메시지의 교류가 이루어지는 것으로, 의사소통기술은 환경의 변화와 자극에 의해 발달하고 향상되며 대인관계의 맥락에서 형성되고 촉진되는 기술이다.

2. 의사소통기술의 중요성

인간과 인간 사이의 상호관계는 의사소통에 의하여 이루어지며 가족들은 의사소통에 의하여 상호 연결되어 가정을 구성해 나간다. 의사소통은 인간관계 중 특히 부모와 자녀관계가 가장 기본적인 관계로 인간의 성장발달에 가장 중요한 결정 요인이 된다. 즉 가정생활에서의 의사소통은 학교 및 사회생활을 적응적이고 행복하게 영위하는 데 있어서 필수적이며 사회적 성숙에 중요한 역할을 한다.

자녀가 청소년기에 이르면 부모와 자녀 모두가 새로운 전환기를 맞게 된다. 청소년들은 급격한 신체의 성장으로 성인의 모습을 갖추게 되고 자아를 의식하며 세상에 대한 기대와 자신의 능력 사이에서 갈등하는 심리적인 방황의 시기를 겪게 된다. 이 시기의 청소년은 기존의 부모–자녀의 애착 및 의존적 태도에서 벗어나 부모로부터 독립하고 자율성을 획득하려는 욕구가 증대함에 따라, 부모와 갈등이 증가하여 부모와 자녀관계가 소월해지기 쉬우며 또래와의 관계를 중요하게 지각하기 시작한다. 따라서 각 가족 나름대로 형성되어 왔던 관계의 유형들이 파괴되면서 부모와 자녀의 새로운 상호작용 유형과 서로에 대한 기대와 가치, 역할과 책임의 새로운 이해와 재조정이 요구되므로 부모와 청소년 자녀의 의사소통은 더욱 중요한 역할을 한다.

부모–자녀 간의 의사소통에 관한 선행연구들에서는 부모–자녀 간의 의사소통이 긍정적이고 개방적일수록 청소년의 문제행동이 적게 나타났으며, 부모–자녀간의 의사소통이 부정적이고 역기능적일수록 청소년의 문제행동이 많았다고 보고하고 있다. 그리고, 어머니의 촉진적 의사소통 수준이 높을수록 자녀의 병리적 성격특성은 낮았고, 부부관계, 부모–자녀 의사소통, 가족기능과 청소년 자녀의 비행과의 관계를 연구한 결과 부부관계와 부모자녀 의사소통에는 유의한 상관관계가 있으며 자녀의 비행은 역기능적인 부모의 역할 수행 및 부모–자녀 간의 상호관계, 가족기능에 의한 것이라고 보고하였다. 또 다른 연구들에서는 부모–자녀 간의 의사소통유형이 중고등학생 자녀의 대인관계 성향과 밀접한 관계가 있다고 하였고, 부모–자녀 간의 의사소통은 독립성, 책임성, 동정심, 수용성, 사교성, 우호성 등의 대인관계 성향과 관련이 있다고 하였다.

이처럼, 의사소통기술은 인간관계를 형성하는 데 많은 영향을 끼칠

뿐만 아니라, 각자가 처한 위기와 갈등양상에 따른 문제해결의 주요 수단으로 활용되기도 하며 청소년기에 의사소통이 단절되거나 부족할 때에는 부적응행동을 유발시켜 사회적 문제행동이 초래될 수 있다. 부적절한 의사소통기술을 가진 사람들은 다른 사람과의 관계를 부정적으로 형성하며, 다른 사람들로부터 거절당하거나 무시당하기 때문에 대인관계 질의 부정적 요인을 완화시키기 위해서 의사소통기술을 개선시키는 것이 중요하다.

3. 의사소통기술의 유형

부모-자녀 간 의사소통이라고 함은 의사소통이 반복됨으로써 나타나는 것으로서 의사소통의 유형의 개념은 전달된 메시지의 내용에 관한 것이라기보다는 메시지의 전달방식이나 전달과정에 관한 것이다. 즉 상호간의 밀접한 감정교류와 개인의 생각이나 관심 등을 표현하는 과정에서 일어나는 언어적 상호작용의 전달방식이라 할 수 있다. 이러한 의사소통유형을 학자들은 여러 가지 방식으로 연구하고, 여러 유형으로 분류하고 정의하였다.

Beaubien(1970)은 의사소통과정에서 일어나는 메시지의 선택, 메시지의 전달, 피드백의 요소를 몇 개의 범주 집단으로 특성화시켜 의사소통유형을 구분하였다. 즉 자녀의 대화 행동과 어머니의 반응을 관련지어 부모 청소년 자녀 간 의사소통유형을 쌍방 차단형, 청소년 차단-어머니 개방형, 청소년 개방-어머니 차단형, 쌍방형의 네 가지로 분류하였다.

Stair(1972)는 역기능적 의사소통유형을 회유형, 비난형, 초이성형, 방관형으로 제시하였는데 회유형은 자신의 의사보다는 다른 사람의 의견에 동조하려고 애쓰는 유형이며, 비난형은 지배적이며 다른 사람을 비난하는 유형을 말한다. 초이성형은 객관적이고 냉담하여 정서적 교류를 하지 않는 유형이며, 방관형은 주변 일에 무관심한 태도를 취하는 유형을 말한다.

Gordon(1975)은 부모가 자녀에게 의사소통하는 전형적인 방법으로 12가지 유형이 있다고 하였다. 12가지 유형으로는 명령·지시하기, 경고·위협하기, 훈계·설교하기, 충고·제언하기, 강의·논쟁하기, 판단·비평·비난하기, 칭찬·동의하기, 비웃기·창피주기, 해석·분석·진단하기, 재확인·동정·지지하기, 캐묻기·질문하기, 물러서기·농담하기·딴데로 돌리기 등이 있다.

Gordon(1975)은 또한 의사소통 유형을 "I-message", "You-message"로 구분하여 제시하였다. I-message는 자녀의 행동에 대해 부모 자신이 어떻게 느끼는지를 전달함으로써 부모의 느낌과 입장을 알려주고 자녀로 하여금 자신의 감정을 자유롭게 표현하도록 해주는 유형이며, You-message는 명령, 경고, 설교 등으로 자녀를 비난하거나 평가하는 형태의 의사소통유형을 말한다.

Barnes와 Olson(1982)은 부모와 청소년 자녀 간 의사소통유형을 순환모형(Circumplex Model)에 기초하여 분류하였는데, 가족의 응집성과 적응성이 기능적 수준이 되도록 도와주는 개방형 의사소통(Open Communication)과 이를 방해하는 문제형 의사소통(Problem in Family Communication)으로 구분하였다. 개방형 의사소통은 부모와 청소년 자녀의 상호작용에서 억압받지 않고 사실 또는 감정을 자유롭게 표현하는 의사소통을 말하며, 문제형 의사소통은 부모와 청소년 자녀의 상호작용에서 의사교환을 주저하고 주제 선택에 조심하며 의사소통이 원활하게 이루어지지 않는 역기능적 의사소통을 의미한다.

Walsh(1983)에 의하면 순기능적인 의사소통의 경우에는 상호 분명한 의사소통선이 성립되고 유지되어 상호관계에서 의사소통을 통해 긍정적인 피드백을 주고받으며 그 관계를 유지 발전시키는 반면에, 역기능적인 의사소통은 상대방의 의견을 경청하거나 긍정적인 반응을 하지 않고 새로

운 상황에서 적절하게 의사소통할 수 있는 지식, 기술, 능력이 부족한 상
태를 의미한다.

국내 연구의 경우, 송성자(1985)는 한국인의 역기능적 의사소통유형
을 권위지향형, 불성실지향형, 희생지향형, 지배지향형, 소심지향형으로
분류하였고, 이창숙(1987)은 기능적 의사소통유형으로 친숙형, 성실형, 분
석형, 타인지향성을 제시하였으며, 역기능적 의사소통유형으로 권위형, 희
생형을 제시하였다.

여기에서는 Satir의 의사소통유형을 좀더 자세히 살펴보기로 한다.
Satir의 의사소통 이론을 한마디로 말하면 성장 의사소통적 접근이라고
할 수 있다. Satir는 의사소통유형을 기능적 의사소통과 역기능적 의사소
통으로 크게 구분하며, 다시 기능적 의사소통으로 일치형 의사소통을 제
시한 반면 역기능적 의사소통으로서 회유형 의사소통, 비난형 의사소통,
이성형 의사소통, 산만형 의사소통 네 가지 유형을 제시하고 있다. Satir
는 기능적으로 의사소통을 하는 사람은 상대방의 메시지를 경청하며 명확
하게 질문하고, 질문에 적절하게 대답하여 자신을 명확하게 전달한다고
하였다. 그러나 역기능적으로 의사소통을 하는 사람은 주로 낮은 자아존
중감을 가진 사람들로 다른 사람과의 관계가 깨어질 것을 지나치게 염려
하거나 자기 약점이 노출되는 것을 염려한 나머지 언어적 메시지와 비언
어적 메시지가 불일치하게 반응한다고 하였다. Satir의 의사소통유형을 역
기능적 의사소통유형(회유형, 비난형, 초이성형, 산만형)과 기능적 의사소통
유형(일치형)으로 구분하여 다음과 같이 제시하였다.

1) 역기능적 의사소통

역기능적 의사소통의 네 가지 유형에서 공통적으로 나타나는 것은
동시에 표현하는 언어적 메시지와 비언어적 메시지의 의미가 일치하지 않
는 형태 즉 불일치한 이중 메시지를 전달하는 것이다. 행동이나 적응에

있어 문제를 갖고 있는 모든 사람들은 이중 수준의 의사소통을 하며 이를 지적하거나 문제시하는 사람이 아무도 없다는 것을 Satir는 발견하였다. 따라서 의사소통 접근이 주된 도구가 되어야 한다고 주장하다. 이중 메시지는 주로 자존감이 낮으며 자신이 나쁜 사람이라고 느끼고, 남의 감정을 상하게 하는 것을 두려워하고, 다른 사람의 보복을 걱정하고, 관계의 단절을 두려워하고, 남에게 짐이 되는 것을 원하지 않으며, 사람이나 상호작용 자체에 어떤 중요성을 부여하지 않는 상태의 사람에게서 나타난다고 보았다.

이러한 감정상태에 있는 사람들은 자신이 이중 메시지를 전달하고 있다고 의식하지 못하므로 메시지를 받는 사람은 두 가지의 메시지에 부닥치게 되며, 의사소통의 결과는 메시지를 받는 사람의 반응에 따라 다르게 나타날 수 있다. 즉 말만 듣고 나머지는 무시, 비언어적 부분을 관찰하고 말들은 무시, 주제를 바꾸거나 자리를 뜨거나 잠이 든 척 하거나 혹은 메시지의 이중 성격에 대해 언급하는 등으로 전체 메시지를 무시하는 반응이 나타날 가능성이 많다. 결과적으로 관계의 불신, 좌절, 거절로 자존심이 상하고, 자기 가치에 하여 의심을 하게 된다. 역기능적 의사소통은 회유형, 비난형, 초이성형, 산만형 네 가지가 있고 이를 구체적으로 살펴보면 다음과 같다.

(1) 회유형 의사소통

회유형은 자기 가치와 감정을 무시하며, 다른 사람에게 나의 힘을 넘겨주고, 모두에게 동의하는 말을 하는 유형이다. 회유하는 사람은 다른 사람과 상호작용하는 상황을 존중하지만 자신의 진정한 감정을 존중하지 않는다. 회유는 나 자신이 살아남고 안정을 유지하는 방법이며, 나 자신이 느끼는 감정보다는 상대방에게 "예"라고 대답하는 것이 중요하다고 생각하면서 자신의 스트레스를 다루는 방법을 말한다. 이러한 태도는 분노를 억압하고, 신체적인 혼란을 나타내는 것이다. 회유를 계속으로 사용할 때 위장병, 특히 위궤양, 설사, 변비, 구토 등의 증상이 나타나기도 한다. 아주 심한 경우, 회유는 자기 자신에 대하여 전체적인 무가치성을 표현하는 것으로서 자기파괴(자해), 자살을 시도할 수도 있다.

(2) 비난형 의사소통

비난형은 회유형과 정반대유형이다. 비난유형은 우리 자신이 지켜야 하고, 다른 사람들의 변명, 불편함, 비난을 수용할 수 없는 사회의 규칙을 반영하는 것이지만 불일치한 의사소통방법을 사용하는 것이다. 비난유형은 약해서는 안 된다고 하는 의지를 나타내며, 자신을 보호하고, 다른 사람이나 환경을 괴롭히고 나무라는 것이다. 비난하기 위하여 다른 사람의 가치를 격하시키고, 자신과 상황에만 가치를 둔다.

비난자는 자신을 힘이 있고 강한 사람으로 다른 사람이 인식하게 하려고 노력한다. 독재적이며 높은 사람처럼 행동하며, 다른 사람의 결점을 발견하여 지적하고, 적개심, 폭군, 잔소리, 난폭한 언행을 한다. 회유형에서 자신을 굴복시키는 것과 상대적으로 비난형은 계속해서 잘못을 찾아내고, 요청을 거절하고, 좋은 기회라고 하여도 제안에 반대하는 경향이 있다.

(3) 초이성형 의사소통

의사소통에 있어 초이성형은 자신이나 다른 사람을 과소평가하는 것이다. 지나치게 합리적인 것은 상황만을 중요하며 기능적인 것을 말하고, 대부분 자료와 논리를 중요시한다. 위협이 있어도 호언장담으로 자신의 가치를 세우려고 노력한다. 어떤 감정도 나타내지 않고, 매우 정확하고 이성적이며, 조용하고 냉정하며 차분하다. 초이성형의 특징적인 속성은 인정 없는 객관적인 것이다. 이러한 유형을 사용할 때 우리 자신이나 다른 사람이 감정을 중요시하는 것을 허용하지 못한다. 이것은 성숙함이란 움직이지 않고, 보지 않고, 만지지 않고, 감정적으로 느끼지 않는 것이라는 사회적 규칙을 반영하는 것이다.

(4) 산만형 의사소통

산만형은 초이성형과 정반대의 유형으로서, 자신과 타인, 상황, 서로 간의 의사소통에 이르기까지 모두를 무시한다. 산만형은 생각과 말과 행동 등 모든 차원에서 부산스럽다. 초이성형과는 정반대의 것이다. 초이성형 사람은 대조적으로 조용하고 안정된 것 같이 보인다. 산만형 사람들은 계속해서 움직인다. 토론하고자 하는 주제에 대해서 사람들의 관심을 분산시키려고 하는 것이다. 생각이 자주 바뀌고 동시에 여러 가지 행동을 한다. 혼란하고 산만한 사람에게는 자신, 다른 사람, 상황 모두가 중요하지 않다.

산만형의 의사소통유형은 위협을 무시하고, 마치 위협이 존재하지 않는 것 같이 행동하므로 주위를 혼란시킨다. 행동과 말은 다른 사람의 행동이나 말과는 무관하다. 아무 곳에도 초점이 없기 때문에 말의 의미나 내용도 없이 혼자 바쁘고 산만하다. 다른 사람의 질문을 무시하며, 어떤 주제에 주의집중을 못한다. 질문을 받으면 질문에 요점과는 상관없는 다른 이야기를 한다. 내면적으로는 아무도 나를 걱정해 주지 않으며, 나를 받아들이는 곳이 없다고 생각한다. 이와 같은 행동을 계속할 경우 무서운 고독감과 자신의 무가치함을 느끼게 된다.

2) 기능적 의사소통

일치형 의사소통

일치형은 실제로 다른 유형은 아니지만 전체적인 상태임과 동시에 좀더 성숙한 인간다워지는 또 다른 선택이다. 이것은 기능적이며 원만함, 책임감, 정직성, 친근감, 능력, 창의성 그리고 현실 문제를 현실적인 방법으로 해결할 수 있는 능력을 가진 사람들의 의사소통을 말한다.

일치형은 자신의 독자성을 존중하고, 개인의 에너지와 사람과 사람 사이의 에너지가 자유롭게 교류된다. 또한 개인적인 특질을 존중, 자신과 다른 사람을 신뢰, 자신의 내적 그리고 외적 자원들을 사용, 친교가 개방적, 자신과 다른 사람을 수용하는 데 있어 자유롭고, 자신과 다른 사람을 사랑하며, 변화에 대해 융통성과 개방성, 모험을 하기도 하고 상처를 입기도 하는 등의 특성을 갖고 있다.

PART 2

언어습관이란?

PART 2   언어습관이란?

언어습관이 어떻게 습득되며, 그렇게 습득된 언어습관이 관계, 생활, 인식, 그리고 삶에 미치는 영향들을 설명하려고 노력하였다.

1. 언어습관의 습득과정
2. 언어습관과 관계유형
3. 언어습관과 생활자세
4. 언어습관과 인식론
5. 언어습관과 삶

1. 언어습관의 습득과정

대부분의 언어와 언어습관은 가족생활에서 습득된다. 부모는 자신들이 어릴 때 부모로부터 길러진 대로 그들의 자녀에게 언어로 이 세상을 이해하도록 설명하며, 거기서 뛰어나고 생존하며 안전을 유지하는 행동규칙들을 습득하도록 말하게 되는데, 이런 경우 반복적으로 하는 부모의 말투가 자녀들의 언어습관으로 형성되어, 자녀들은 그런 말투로 형성된 시각으로 세상을 바라보며 살아가게 되는 것 같다. 이렇게 습득된 언어습관을 통해 세상을 바라보는 시각이 만들어지고, 그 시각으로 가족과 사회에서 생존하는데, 안전을 도모하는데, 그리고 소속과 친밀을 유지하는 데 사용되면서 더욱 강화되어 가는 것으로 보인다.

가족문화는 저마다 독특한 특징을 지닌다. 그것은 사람들이 저마다 독특한 성격을 지니듯이 그만큼의 개성이 있어 보이기도 한다. 아직도 유교적인 윤리와 수직적인 위계질서를 더 강조하는 가족이 있고, 자본주의적 이윤을 더 중시하는 가족이 있는가 하면, 인과적인 사고와 합리성을 더 강조하는 가족이 있고, 민주주의적 평등과 공정한 분배를 더 강조하는 가족이 있고, 종교적인 신념에 따라 신앙생활을 더 우선하는 가족이 있고, 정의와 도덕성에 따라 신의를 더 강조하는 가족 등이 있는 것 같다. 사람들이 저마다 독특한 언어습관을 지니는 것은 이런 가족문화의 차이에서 비롯되고 있는 것으로 보인다.

그리고 가족 안에서는 가치, 신념, 생각, 의견, 행동 등에 동질성을 강조하여 어떠한 차이도 허용하지 않는 경향이 있어 보인다. 차이를 나타내는 구성원에 대해서는 개성으로 존중하기보다 문제로 보며, 그 차이를 없애려는 시도들이 가족단위의 압력으로 일어나게 되는 것 같다. 이것은 체제로서 가족이 사회 속에서 생존하고, 적응하려는 자연발생적인 동기로 보인다. 이것은 동질성으로 체제로서 가족의 구심력을 강화시키려는 생존전략인 것이다. 이 과정에 반발하는 [문제아]가 발생하고, 그만큼 가족생활에 오해와 갈등이 일어나고 있는 것 같기도 하다. 이와 같이 가족은 저마다 독특성을 지니면서 그 안에서는 차이를 부정하여 구심력을 키우고, 사회에 대해서는 방어적·폐쇄적인 경향을 나타내고 있는 것이다.

결혼은 성인 남녀의 만남이기도 하지만, 이런 가족 간의 만남이기도 하다. 가족문화가 비슷한 사람과 가족끼리 만나면, 부부도 동질성을 더 많이 느끼고, 쉽게 합의에 이르러 협력을 잘 하게 되며, 두 가족문화 간 자연스런 통합이 이루어지게 되는 것 같다. 결혼한 부부는 각자 원 가족에서 습득한 언어습관대로 대화하면서 부부생활을 시작한다. 부부는 말하기와 듣기를 교대로 하면서 결혼생활에서 기대하는 것을 서로 나눈다. 그들은 친밀한 대화를 통해 결혼생활에서 기대하는 것이 서로 일치하는 부분에 대해서는 동의하고, 차이 나는 부분에 대해서는 의아심을 나타내기 시작한다.

그 차이는 부부 모두 해결해야 할 문제로 인식하게 되는 것 같다. 동질성을 만들어 구심력이 강한 가족을 만들어 가려는 자연발생적인 시도이다. 이는 각자의 원 가족에서 서로 간의 차이를 없애려는 시도들을 충분히 경험해 온 탓이다. 이어지는 대화에서 차이 나는 부분에 집중하면서 서로 상대를 변화시키려 한다. 이 과정에서 가치, 신념, 시각, 규칙 등의 구체적인 차이를 발견하게 된다. 서로 상대를 분별하고, 평가하고, 판단하고, 충고하고, 조언하게 되는 것이다. 차이 나는 부분에 대해서는 서로 상대가 문제라고 보는 [지배력 다툼]이 자연스럽게 일어나고 있는 것이다. 이 과정에 각자 부모로부터 습득된 언어습관이 나타나면서 가족문화의 차이만큼 오해가 생기기도 하고, 갈등이 발생하고 있는 것으로 보인다.

아내가 임신을 하게 되면 부부는 태어날 아이에 대해 많은 대화를 나누게 된다. 그러다가 대화의 초점은 차이 나는 부분에 자연스럽게 맞추어지게 된다. 생각, 신념, 가치 등의 차이가 두 사람의 합의와 협력을 방해한다고 인식하기 때문이다. 여기에는 차이를 없애 협력하는 가족생활을 만들어가려는 선의의 의도가 숨어 있는 것 같다. 결과적으로 지배력에서 우위를 차지하려는 싸움으로 자기 자신의 것은 검토해 보지 않고 "당신이 틀렸다"는 비난하는 방식의 [너–문장 말하기]를 통해 상대를 굴복시키려는 시도들을 노골적으로 하게 되는 것이다.

이런 [지배력 다툼]에서 승자와 패자로 결판날 수도 있고, 오랜 기간 결판나지 않고 팽팽하게 맞설 수도 있다. 결판이 난 경우 부부관계는 지배–복종의 상보적 관계로 안정되어 가기 시작하며, 이후의 차이는 모두 지배자가 원하는 방식으로 처리될 가능성이 높다. 이 경우 상대의 이면적인 반발로 협력의 효과는 발생할 수 없다는 것을 경험하면서, 부부는 괴롭고 힘든 삶을 살아가게 될 가능성이 높다. 반면에 [지배력 다툼]에서 결판이 나지 않아 어떠한 차이에 대해서도 서로 맞서게 되는 지배−지배의 대칭적 관계로 발전하기도 한다. [지배력 다툼]으로 생기는 지배−복종과 지배−지배의 양극단의 부부관계성 모두 분노, 증오, 불안, 공포, 열등감, 슬픔 등을 경험하게 되며, 배속의 아이는 이런 잘못된 부부관계의 정서에 익숙해져 간다.

남편이 지배하고, 아내가 복종하는 부부관계에서는 남편은 끊임없이 [너−문장 말하기]로 비난하면서 화를 내고, 아내는 동의하고 회유하면서 화를 참는 결혼생활이 계속된다. 아이가 태어나면, 지배하는 남편으로부터 무시만 당하는 아내는 화를 참을 수밖에 없는 신세를 비관하면서 슬픔의 나날을 보낸다. 이런 어머니와 함께 지내는 아이는 슬퍼하는 어머니와 배속에서 습득된 정서가 가세하여 같은 심정이 된다. 아이는 아버지에게 대항하는 심정으로 어머니와 [동맹관계]를 발전시키면서 아이도 어머니와 비슷한 우울경향을 습득하여 간다. 이 과정에 어머니 배 속에서 경험한 정서가 한 몫을 하게 되는 것이다.

지배−지배의 부부관계에서는 남편도 아내도 끊임없는 [지배력 다툼]으로 화를 내면서 살게 되어, 결과적으로 서로 지쳐간다. 그들 사이에는 어떤 차이도 어떤 문제도 충분히 해결되지 않은 체 미해결문제가 점점 쌓여간다. 그들 사이에 합의와 협력은 생길 수 없다. 그들은 서로 화를 내면서 상대 탓만 하게 된다. 부부가 서로 싸우기만 하면서 아이를 돌보지 않으니 아이도 화가 난다. 이들 부부는 서로 비난하는 [너−문장 말하기]를 경쟁적으로 사용한다. 아이에게 분노는 어머니 배 속에서부터 경험한 익숙한 정서이다. 아이도 비난만 하는 [너−문장 말하기]에 익숙해지고, 합의와 협력이 없는 반사회적이며 반항적인 언어습관을 쉽게 습득해 가게 된다.

이와 같이 자녀들은 태어나면서부터 부모의 언어습관을 자연스럽게 습득하게 된다. 이렇게 습득된 언어습관으로 학교생활을 하고, 사회생활을 하고, 직장생활을 하면서 성인으로 성장하고, 그들이 결혼하여 아이를 기르게 되면, 그들이 부모로부터 길러진 언어습관으로 자신들의 아이들을 기르게 되어, 언어습관은 이렇게 대를 이어 전달된다. 이렇게 잘못 습득된 언어습관으로 적지 않은 사람들이 고통을 경험하면서 살아가고 있다. 그래서 많은 사람들이 화가 많이 나고, 두려움과 불안을 많이 느끼고, 걱정과 염려를 많이 할 뿐만 아니라, 슬퍼하면서 좌절과 절망을 호소하고, 더 나아가 심리적·신체적 건강까지 해치거나, 급기야 살인이나 자살까지 감행하는 데까지 발전하게 되는데, 잘못된 언어습관으로 야기되고 있는 이런 현실은 안타깝기 그지없다.

이렇게 언어습관은 지금-여기서 경험하는 내용과 질을 좌우한다. 잘못된 언어습관 하나만 자각하여 개선하면, 인생의 많은 부분에서 자연스런 변화가 일어날 것 같다. 잘못된 언어습관은 첫째로, <u>주체와 객체의 이원론적 관점</u>[1]에서 [나]를 중심으로 [너]를 조종하거나 통제할 수 있다는 잘못된 인식에서 출발하고 있는 것 같다. 이런 이원론적인 신념이 [나]를 중심으로 [너]에게 있는 원인을 제거하는 통제하거나 조종하는 [너-문장 말하기] 언어습관을 정당한 것으로 착각하게 만들고 있는 것이 분명하다.

이에 따라 부모는 자녀에게, 교사는 학생에게, 상사는 부하에게, 윗사람은 아랫사람에게 지시, 명령, 충고, 조언, 경고, 위협 등 [너-문장 말하기]를 당연시 해 온 것이다. 모든 인간관계에서 상대의 입장이 되어 보는 경청하기는 드물고 [너-문장 말하기]의 분별과 평가·판단만 넘치고 있다. 이런 [너-문장 말하기]는 반발과 부작용만 불러일으킬 뿐, 상대를 변화시키는 효과가 없다는 것을 우리는 경험적으로 알고 있다. 이런 잘못된 언어습관은 주·객 이원론의 신념으로부터 벗어나 <u>주·객 일원론</u>[2]의

---

1) 인과적 인식론의 주된 신념으로 뉴턴 물리학의 과학적 방법론을 낳았다(김선남, 2002, 32).

신념으로 바꿀 수 있으면, [나－문장 말하기] 언어습관으로 개선될 수 있는 길이 열릴 것이다.

둘째로, 두 사람이 대화를 할 때 상대를 변화시킬 수 있다고 착각하면서 통제를 염두에 두고 [말하기]를 주로 하는 지배자와 반발하면서 [듣기]를 주로 하는 복종자로 나누어지는 것을 흔히 목격하게 된다. 여기에서는 말하는 기술이 중요하고, 말을 잘하면 상대를 자기가 원하는 대로 변화시킬 수 있다고 착각하게 만들고 있는 것 같다. 상대를 움직이는 것은 [말하기]가 아니라 [듣기]라는 것을 실험적으로 경험하게 된다면, 상대의 욕구, 느낌, 기대를 반영하는 ["—구나"], ["—군요"]식으로 [듣기]를 먼저 하여 상대가 [나－문장 말하기]로 욕구, 느낌, 기대 등을 표현할 수 있도록 돕는 언어습관으로 개선되어 갈 수 있을 것이다. 상대로 하여금 [나－문장 말하기]를 돕는 길은 ["—군요"]로 [듣기]를 실천하는 길 밖에 없는 것 같다.

셋째로, 세상에서 자연의 이치에 따라 일어나는 일들을 다분히 이원론적 시각에 더하여 유교적 전통에 따라 인위적으로 양분하여 택일하게 만드는 언어습관을 발달시켜 온 것 같다. 인간관계 상황이나 자연현상에 존재하는 것을 자기 중심으로 [선(善)—악(惡)], [정(正)—사(邪)], [명(明)—암(暗)], [미(美)—추(醜)] 등으로 양분한 다음, 택일하게 만드는 시각3) 이 잘못된 언어습관을 이끌고 있는 것이 분명해 보인다. 이는 대인관계 상황에서 상대를 지나치게 [분별하고], [평가하고], [판단하는] [너－문장 말하기]를 하도록 만들고 있는 것 같다. 사실 이런 양면들은 동전의 양면처럼 맥락에 따라 자연스럽게 순환하고 있는 것이다. 잘못한 사람은 분별하여 간섭하지 않으면, 스스로 잘못을 시인하고 바른 행동을 선택한다. 우리 모두 이런 순환의 신념을 지니게 된다면, 자연스럽게 ["—구나"],

---

2) 순환적 인식론의 주된 신념으로 아인슈타인 등의 상대성 이론과 방법론을 낳았다(김선남, 2002, 33).

3) 인과적 인식론의 신념으로 세상을 양분하여 택일하도록 강요하는 경향이 있다(김선남, 2006, 11-14).

["—군요"]식으로 [듣기]를 할 수 있을 뿐만 아니라 [있는 그대로]의 상대를, 자연현상을 보고 허용하듯이 허용할 수 있게 될 것이다. 이런 [허용]은 상대로 하여금 진정한 [존중]을 경험할 수 있도록 돕게 될 것이다.

넷째로, 모든 결과에는 단일 원인이 있다고 믿는 결정론적인 신념[4]이 [왜 질문]의 언어습관을 만들고 있는 것으로 보인다. 이는 연결 속에서 일어나고 있는 사건의 진실을 보지 못하게 막고 방어나 반발을 불러일으키는 잘못된 언어습관임이 분명하다. 만약 우리가 생활하면서 [왜 질문]만 중단할 수 있다면, 즉, [왜 질문] 대신에 [어떻게] 혹은 [무엇] 질문으로 바꿀 수 있다면, 생각의 양을 많이 줄일 수 있을 뿐만 아니라 일이 진행되고 있는 [과정]에 초점을 맞출 수 있게 될 것이고, 그만큼 상대에게 원인을 찾고, 원망하고, 비난하는 언어습관으로 발생하는 분노를 경험하지 않고 즐겁고 행복하게 살아갈 수 있게 될 것이다.

2. 언어습관과 관계유형

가족생활에서 습득된 언어습관으로 인간관계유형을 만들어 가게 된다. 지배적인 언어습관을 습득한 사람은 복종적인 언어습관을 지닌 사람을 선호하며, 복종적 언어습관을 습득한 사람은 지배적인 언어습관을 지닌 사람을 거부하지 못하게 되는 경향이 있어 보인다. 이런 사람끼리는 지배−복종의 [상보성 관계]를 자연스럽게 발달시키게 된다. 반면에 지배적인 언어습관에 대해 극단적으로 반발하는 언어습관을 지닌 사람이 있다. 이런 사람끼리 만나게 되면 지배−지배의 [대칭성 관계]를 자연스럽게 발달시키게 되는 것으로 보인다.

---

4) 인과적 인식론의 결정론적 신념을 나타내고 있다(김선남, 2006, 12).

이들 두 관계유형은 짧은 안목과 어리석음에서 비롯된 것으로 관계의 목적을 성취할 수 없다. 관계의 목적은 원활한 의사소통을 통해 상호 욕구충족을 위해 협력하는 것이다. 인간이 지닌 대부분의 욕구는 혼자 단독으로 충족시킬 수 없는 것이기 때문이다. 욕구위계상 가장 강력한 생존과 안전의 욕구도 정확한 의사소통을 통해 신뢰와 친밀성이 발달된 연후에 성취될 수 있는 것이다. 그런데 이들 두 관계유형에서는 정확한 의사소통보다는 성급한 [지배력 다툼]에만 초점이 맞추어져 있다. 오직 지배력에서 우위를 차지함으로써 상대를 통제하거나 조종하여 자기의 생존과 안전을 먼저 확보하려는 의사만 있기 때문에 상대의 당연한 반발로 관계의 목적은 성취될 수 없는 것이다.

지배력에서 우위를 차지하려는 잘못된 언어습관이 이런 관계유형을 발달시키고 있는 것이다. 이는 [작용-반작용의 법칙]이 설명하는 자연의 이치를 깨닫지 못하는 어리석음에서 비롯되고 있는 것이다. 상대를 통제하거나 조종하려고 작용하면, 상대는 반사적으로 반작용하고 반발하는 행동으로 대응하게 된다. 지배력 다툼이 있는 이들 두 관계유형에서는 반작용과 반발만 있을 뿐 상호협력의 바탕인 신뢰와 친밀성은 존재할 수 없는 것이다. 상대를 통제하거나 조종하여 자기의 욕구를 충족시키려는 언어습관으로는 상대의 진정한 협조와 도움을 얻어낼 수 없기 때문에 우리 모두 제3의 [대등성 관계]유형을 발달시키는 언어습관으로 개선해가는 노력이 필요하다.

대등성 관계의 바탕인 신뢰와 친밀성은 서로간의 [차이]를 허용하는 언어습관을 실천함으로써 성취될 수 있는 것이다. 가족생활에서 부모가, 부부관계에서 서로 간의 차이를 허용하는 ["당신의 생각은 그런 점에서 나의 생각과 차이가 있어 보이는 군요"]로 [듣기]부터 실천하면, 서로 상대를 존중하는 마음이 생기고, 나아가 신뢰와 친밀성은 저절로 발달되어 갈 것이다. 이렇게 부모가 서로 간의 차이를 허용하는 언어습관으로 신뢰와 친밀의 부부관계를 발달시키면, 자녀들도 상대와의 차이를 허용하는

["너는 그렇게 생각하는 구나"]로 [듣기]부터 하는 언어습관으로 신뢰와 친밀성을 교환하는 [대등성 관계]를 발달시키는 생활을 할 수 있게 될 것이다. 언어습관은 부모로부터 자녀로 대를 이어가는 특성이 있기 때문이다.

상대를 허용하는 언어습관은 사람들의 다양한 개성과 차이를 허용하게 만든다. 비슷한 사람끼리는 이해와 공감을 쉽게 나누고, 차이 나는 사람끼리는 서로 차이를 존중함으로써 타협하고 나아가 서로를 보완하여 조화롭게 움직이는 삶을 즐겁게 그리고 편하게 누릴 수 있게 될 것이다. 반면에 상대를 통제하거나 조종하는 언어습관은 사람들의 다양한 개성과 차이를 허용하지 못할 뿐만 아니라 세상의 다양성을 보지 못하면서 자기와 같지 않는 사람과 세상을 제외시키거나 적대시하면서, 원망하면서 불평만 하는 고난의 삶을 살아가게 될 가능성이 높을 것이다.

그런데 우리 주변을 살펴보면 상대를 허용하면서 아름다운 삶을 즐기면서 사는 사람들은 극소수이고, 상대를 자기와 같게 만들려고 하면서 반작용과 반발을 쉽게 보일뿐만 아니라 자기 생각과 다른 타인들과 세상을 원망하면서, 분노를 표출하며 사는 사람들이 다수인 것 같다. 이것은 우리 대다수가 상대를 허용하지 않는 지배ー복종의 부부관계 아니면 지배ー지배의 부부관계를 하는 부모에게서 태어나 자랐기 때문일 것이다. 통계적으로 보면 지배하는 사람보다 복종하는 사람이 더 많은 것 같다. 그것은 한 가족에서 한 사람의 지배자에 대해 나머지 식구들은 복종할 수밖에 없는 수적 비율과 비슷한 것이다. 그래서 주변 사람들의 관계에서 자주 듣는 언어적 반응은 반대하거나 거절하는 말보다 사과하는 말, 동의하는 말, 찬성하는 말이 더 많이 들린다.

지배하는 사람의 언어습관을 보면 [듣기]보다 [말하기]를 더 많이 하며, [듣기]는 우위를 차지하기 위해 [말하기]를 준비하는 절차에 불과한 것처럼 보인다. 말하기는 주로 [왜 질문]과 함께 지시·명령, 충고·조언, 경고·위협, 평가·판단, 비교·비난 등의 언어습관이다. 이런 언어습관은 부모-자녀관계에서 부모가, 교사-학생관계에서 교사가, 상사-부하관계에서 상사가, 윗사람-아랫사람관계에서 윗사람들의 잘못된 언어습관이다. 반면에 복종하는 사람의 언어습관은 ["예"] 혹은 ["아니오"] 같은 간접적으로 반발하는 단순 반응들이다.

지배욕은 모든 생물의 생존경쟁에서 나타나는 본능적인 강열한 욕구이다. 지배욕의 충족은 다수의 복종자의 희생을 강요한다. 그래서 다수 복종자의 반발은 피할 수 없는 것이다. 이로 말미암아 우리 대다수는 [지배력 다툼]의 희생자로 전락하여 힘들고 괴로운 삶을 살아가고 있는 셈이다. 부당한 지배력 다툼으로 서로 불신과 불만을 증대시켜가는 관계를 만들어 갈뿐만 아니라 그 대부분은 분노를 표출하거나 분노를 참아야 하는 삶을, 괴롭고 힘든 삶을 살아가고 있다. 부당한 지배력 행사의 잘못된 언어습관이 잘못된 관계유형을 만들고, 결과적으로 우리 대부분이 괴롭고 고달프고 힘든 삶을 살아가고 있는 셈이다.

우리는 함께 살아가는 지혜를 실천함으로써 나도 너도 잘 살 수 있을 것이다. 이는 우리 모두가 만약 인간만이 지니고 있는 지혜를 발휘할 수 있게 된다면 전혀 불가능한 일이 아닐 것이다. 우리가 처한 현실과 주변을 찬찬히 살펴보면, 바로 이런 지혜로운 생각들이 절실하게 필요한 시점에 놓인 것 같다. 이는 무조건 상대를 먼저 허용하는 [대등성 관계]를 발달시켜가는 노력을 다 같이 하는 것이다. 이것은 한 생각을 바꾸면 그렇게 어려운 것이 아니다. 이것은 내가 상대에게 받고 싶은 것을 상대에게 먼저 주는 노력을 하는 것이다. 이는 서로 간의 차이를 허용하는 ["—구나"] 혹은 ["—군요"]의 경청하는 언어습관을 실천하는 것이다.

우리 대부분이 지닌 욕구, 느낌, 감정, 기대 등은 진실한 표현만으로 충족되거나 해소될 수 있는 것이다. 지혜롭게 생각해 보면, 그러한 상대의 진실한 표현을 먼저 허용하는 것이 나의 표현을 허용받을 수 있는 유일한 길임을 발견할 것이다. 이것은 내가 원하는 것을 상대에게 먼저 주고, 그것을 돌려받는 것이다. 지속적이고 신뢰하는 관계는 먼저 ["오늘은 평소보다 조금 늦었구나"] 혹은 ["당신 어쩐지 좀 화가 나 보여요"]의 [듣기]로 상대를 허용하고 난 다음 [나-문장 말하기]로 나의 욕구, 느낌, 기대를 표현하는 언어습관으로 가능할 것이다. 이런 신뢰와 친밀성을 공유할 수 있는 관계유형이 [대등성 관계]이다. 이런 [대등성 관계]야 말로 상호욕구충족을 통해 생존, 안전, 소속의 욕구단계를 넘어 자존, 자기 실현, 더 나아가 자기 초월로 향해 함께 진화할 수 있는 유일한 길이라 생각된다.

3. 언어습관과 생활자세

습득된 언어습관에 따라 관계유형이 좌우되고, 이렇게 발달된 관계유형에 따라 생활하게 되는 생활자세가 결정되고 있다. 상보성 관계와 대칭성 관계 맥락에서는 네 가지 잘못된 생활자세가 발달하고 있는 것으로 보인다. 그것은 비난하기, 회유하기, 계산하기, 그리고 산만하기의 생활자세이다.5) 상보성 관계 맥락에서 비난하기와 회유하기의 언어습관이 자주 나타나고, 대칭성 관계 맥락에서는 계산하기와 산만하기의 언어습관이 짝이 되어 나타날 가능성이 높은 것으로 보인다. 이런 언어습관이 개선되지 못하면, 관계당사자 모두 생활 속에서 고통, 공포, 분노, 불편, 근심, 불신을 경험하면서 괴롭고 힘들게 살아가게 될 것이다.

예를 들면, [비난하기-회유하기]의 부부는; "그게 새로 산 옷인가요? 우리 가계비를 아껴 쓰자고 합의한 게 엊그젠데, 어떻게 그렇게 많은 돈을 무책임하게 쓸 수 있어요? 어찌된 일이오?"-"그렇게 화내지 마세요. 당신이 정 싫다면 돌려주면 되잖아요. 미안해요." [계산하기-산만하

---

5) 네 개의 스트레스 유형(김선남 등, 2007, 96-101).

기]의 부부는; "가계비를 아껴 쓰지 않으면, 우리 살림살이가 파탄이 날 테니까 내가 이러는 거 아니오."—"알았어요. 오늘 우리 중국음식이나 먹으러 가요. 탕수육과 자장면이 어때요?" 이들 대화는 좀 과장되긴 하였으나, 화가 나거나 방어적이 될 때 교환되는 언어습관이다. 비난하기와 계산하기는 화가 났을 때, 회유하기와 산만하기는 화를 참을 때 자연스럽게 나타나는 언어습관인 것 같다.

이를 테면, 비난하기 자세는 일이 잘못되고 있는 상황에서 상대에게 책임이 있다고 단정하여 화를 내면서 지시·명령, 평가·판단, [왜 질문], 충고·설득 등의 [말하기]를 사용하여 상대를 복종시키려 하고, 회유하기 자세는 잘못된 일의 책임이 전적으로 자기에게 있다고 인정하는 태도로 지배하려는 상대에게 복종하는 태도로 회유하며, 화를 참으면서 동의·사과, 회유·비위 맞춤 … 등의 표정과 자세로 [듣기]반응만 하게 된다. 비난하기와 계산하기의 차이는 비난하기는 화를 표출하고, 계산하기는 화를 부정하는 것이고; 회유하기와 산만하기의 차이는 회유하기는 화를 참는 것이고, 산만하기는 화를 부정하는 것이다.

물론 맥락이 바뀌면 비난하기에서 회유하기로, 계산하기에서 산만하기로 자연스럽게 전환되어 생활자세가 정반대로 바뀔 수 있다. 예를 들면, 가족에서 비난하기로 생활하던 사람이 직장에서 상사를 만나면, 회유하기 자세로 자연스럽게 전환된다. 부부관계에서 회유하기로 대응하던 어머니가 자녀들에게 비난하기로 전환된다. 마찬가지로 맥락이 바뀌면, 계산하기는 산만하기로, 산만하기는 계산하기로 전환될 수 있다. 이런 전환은 짝이 된 상대의 언어습관에 익숙해 있기 때문이다.

비난하기는 지배적인 맥락에서 자기 존재를 강조하기 위해 상대를 제외시키는 생활을 하게 된다. 이들은 상대의 잘못을 찾아내는 명수이다. 언제나 상대방에 대하여 통제하여, [왜—질문]으로 몰아세우고, 무자비하게 비판하고, 상대의 실수를 일반화시켜 간다. 이들은 승자로서 쾌감은 잠시뿐 대부분의 시간을 외롭게 보낸다. 이들은 상대의 반발을 예상하기 때문에 항상 화가 난체로 살아가게 된다. 이들은 강력한 공격만이 최선의 방어라고 생각하는 어리석은 사람들이다. 이들은 분노를 폭발시키면서 고통이나 두려움을 적절하게 처리하거나 표현하지 못한다. 그래서 외롭고 고통스러운 것이다.

회유하기는 복종적인 맥락에서 상대의 강요에 못 이겨 자기를 제외시키는 생활을 하게 된다. 이들은 상대방의 비위를 맞추고, 호감을 사려고 노력하며, 변명과 사과를 자주 하면서 어떤 경우에도 "예"로 대응하는 사람들이다. 이들은 "나는 아무것도 아니야. 당신이 없다면 아무것도 아니고, 존재할 가치도 없어, 평화는 내가 지켜야 해."라고 중얼대면서 살아간다. 이들은 다른 사람의 사랑과 인정을 통해서만 자신에 대한 가치감을 느낄 수 있다. 이들은 분노를 표현하지 못하고, 마음에 담아 두기만 하기 때문에 자기 무가치감에 빠져 우울증에 걸릴 수도 있고, 자살충동까지 느끼면서 힘들게 살아간다.

계산하기는 일이 잘못되어 가는 맥락에서 자기 및 상대의 감정을 제외시킨다. 이들은 늘 조용하고 냉정하고 침착하며 초이성적이다. 이들은 조심스럽게 옳은 말만 골라 하면서 다른 사람도 그렇게 해주기를 기대하며, 실수를 용납하지 않고 느낌을 부정한다. 그리고 사실들, 통계수치들, 근거자료들, 그리고 관습들을 자주 인용한다. 이들은 흔히 "내가 화가 났다고? 천만에 그렇지 않아.", "누구나 다 알고 있다시피—", "이 책에 나와 있기를—", "꼭 해야 될 일은—"과 같은 식으로 말한다. 이들은 감정표현을 두려워하며, 그런 상황에서는 극단적으로 감정을 부정한다. 이들은 율법적이며, 강박적이며, 경직된 무신경한 완벽주의자로 비친다.

산만하기는 일이 잘못되어 가는 맥락에서 자기, 타인 그리고 맥락까지 제외시킨다. 이들은 흔히 딴청부리며, 말이 많고, 초점이 없거나 흐리게 만들며, 때로는 미친 듯이 적극적으로 행동한다. 이들은 시선을 피하고, 직접적인 답변을 하지 않으며, 주제를 빨리 바꾸거나 논의의 요점을 무시한다. 이들의 마음속은 두려움과 불신과 근심 걱정으로 가득 차 있다.

이들의 행동원칙은 어떤 문제도 무시하는 것이다. 문제에 정면으로 부딪치면 불필요한 싸움만 일어나고 관계도 파탄난다고 생각하면서, 현실감이 떨어진 행동으로 일관한다.

이들 네 가지 ― 비난, 회유, 계산, 산만형의 생활자세 중 어느 한 가지만 가지고 사는 경우는 드물고, 대개는 두 가지 세 가지를 혼용하는 경우가 많은 것 같다. 아무튼 이들 잘못된 생활자세로는 욕구, 느낌, 감정을 원만하게 충족·해소하면서 살 수가 없다. 잘못된 생활자세로 야기된 고통, 공포, 분노, 불편, 근심, 불신은 기쁨, 소망, 사랑, 편안, 노력, 신뢰로 연결되는 삶으로 개선해가야 할 것이다.

그러려면 지배를 시도하거나 복종을 강요하는 관계맥락을 대등성 관계 맥락으로 전환하는 노력을 하여야 할 것이다. 대등성 관계에서는 자기, 타인, 맥락을 똑같이 소중하게 고려한다. 따라서 우리 모두 인간다운 지혜를 발휘하여 일치하기의 생활자세를 연습을 통해 습득하여야 할 것이다. 일치하기 생활자세는 털어놓기, 반응성, 정직성, 개방성, 성실성을 바탕으로 한다. 일치하기는 타인들의 욕구, 느낌, 감정을 존중함으로써 자기의 욕구, 느낌, 감정을 충족·해소하는 삶을 살 수 있게 만드는 유일한 생활자세이다.

일치하기 생활자세를 지닌 사람들은 어떠한 타인들을 만나도 그들과 함께하는 맥락에서 지배, 통제, 조종의 일방적인 의사보다 서로 욕구, 느낌, 감정의 충족·해소의 의사를 더 소중하게 여긴다. 그들은 자기, 타인, 그리고 그들과 함께하는 맥락을 소중하게 여긴다. 그래서 누구를 만나도 먼저 [듣기]를 한 다음, 이해와 공감을 나눈다. 상대는 허용과 존중을 경험하면서 자기의 욕구, 느낌, 감정을 직접 표현할 수 있는 기회를 가지게 될 것이다.

욕구, 느낌, 감정은 [나―문장 말하기]를 통해서만 충족 혹은 해소될 수 있는 것이다. 그래서 그들은 [나―문장 말하기]를 돕기 위해 [듣기]를 먼저 하려고 노력한다. 이들 간에는 분노나 화가 일어나지 않는다. 설혹 일어난다 해도 곧바로 직접적인 [나-문장 말하기]를 통해 해소한다. [나-문장 말하기]는 내 안에 일어난 느낌이나 감정을 있는 그대로 구경한 다음 그대로 표현하는 기술이다. 이렇게 해소된 감정상태를 지닌 그들에게는 이 세상은 아름다운 곳이고, 즐길 만한 곳이다. 그들에게는 이해, 공감, 믿음, 희망, 보람, 즐거움, 기쁨, 사랑, 편안함과 자기 실현이 존재할 뿐이다. 이들은 자연스럽게 생존, 안전, 소속감, 그리고 자존감의 증진은 물론 자기 성장과 자기 실현의 삶을 살아갈 수 있게 될 것이다.

4. 언어습관과 인식론

언어습관은 행동양식, 사고방식, 그리고 세상을 인식하는 시각을 만드는 것으로 보인다. 자기가 세상에 대해 말한 대로 세상이 보이고 생각되고 느껴진다는 것이다. 논리적으로 보면, 인식론에서 사고방식이 나오고, 생각하기에 따라 의도와 행동, 그리고 언어로 나타나는 것이 타당할 것이다. 그러나 이들의 발달은 연역적이 아니라 다분히 귀납적인 것으로 보인다. 우리가 태어나서 언어를 사용하게 되면서 부모로부터 언어를 통해 행동양식을 배우고, 생각하는 방식과 이 세상의 됨됨이를 파악하는 방식을 습득해 온 탓인 것 같다. 그러니까 우리 모두는 부모가 사용한 언어습관과 그 언어가 지향하는 인식론을 그대로 물려받는 것 같다.

이 세상의 모든 부모들은 우선적으로 어린 자녀가 이 세계의 여러 가지 위험으로부터 방어하여 생존할 수 있도록 가르쳐야 한다고 생각한다. 그것은 그들이 그들의 부모로부터 물려받은 생존전략이기도 하다. 그래서 자녀들의 행동을 인과적으로 설명한 다음, 제지하거나 금지하는 언어를 사용할 수밖에 없는 것이다. 부모들은 이 세계의 위험을 인과적으로 설명하며, 그 위험으로부터 안전을 유지하기 위해 항상 경계하고, 안전을 위협하는 원인행위를 하지 않도록 주의시키고, 제지하거나 금지하는 언어를 사용하게 된 것이다.

우리 대부분은 부모의 이런 언어습관으로 정도의 차이는 있겠지만 이 세상에서 생존하고, 안전을 유지하기 위해 인과적 언어습관을 습득하였고, 인과적 행동양식을 습득하였고, 인과적 사고방식을 습득하였고, 그 결과 이 세상을 이해하고 설명하는 인과적 인식론을 습득하게 된 것이다. 따라서 제지하고 금지하는 언어습관을 통해 인과적 인식론이 자연스럽게 습득된 것이며, 이렇게 습득된 언어습관과 인과적 인식론으로 말미암아 우리들의 세상살이가 안전할 수는 있지만, 반면에 그 대가로 힘들고 괴롭게 되고 있다는 사실을 이해하여야 할 것이다. 괴롭고 힘든 삶의 질곡에서 벗어나 편안하고 즐기는 삶을 살기 위해 자신의 언어습관과 함께 세상을 이해하고 설명하는 인과적 인식론의 현실왜곡을 다각도로 점검해 보는 것이 필요한 것으로 보인다.

인식론은 세상과 현실을 파악하는 인식의 가장 근본적인 출발점을 설명한다.[6] 이 세상을 인과(원인-결과)적 시각으로 바라볼 수도 있고, 순환(연결-상호의존)적 시각으로 파악할 수도 있다. 우리 각자가 지닌 언어습관은 그의 이런 인식론을 반영하고 있는 것이다. 상대를 어떤 경우에도 허용하여 존중하지 못하는 언어습관은 그의 인과적 인식론을 반영하며, 상대를 있는 그대로 허용하여 존중하는 언어습관은 그의 순환적 인식론을 반영하고 있는 것이다. 앞에서 이야기해 온 언어습관을 보면, 지금까지 우리 대부분은 인과적 시각으로 세상과 현실을 파악하고 설명하는 인과론으로부터 출발한 것임에 의심할 여지가 없어 보인다.

인과론에서는 현실에서 일어나는 모든 현상에는 거기에 상응하는 하나의 원인이 반드시 있다는 신념을 가지고 있다. 인과론에서 현실을 제대

---

6) 인과적 인식론과 순환적 인식론(김선남, 2002, 31-39).

로 이해하려면 인과관계를 밝혀야 하고, 생활 속에서 문제를 예방하려면 사전에 원인행동을 제거해야 한다는 사고방식을 발전시켰다. 그래서 부모가 자녀에게, 교사가 학생에게, 상사가 부하에게, 그리고 윗사람이 아랫사람에게 지시·명령, 평가·판단, [왜 질문], 충고·설득 등의 [말하기]를 습관적으로 사용하게 되었고, 이에 따라 우리 대부분이 인과적 언어습관을 습득해서 지니게 된 것으로 보인다.

이런 마당에 인과론적 인식론이 발달하게 된 역사를 살펴보면, 인과론은 뉴턴의 중력법칙에서 비롯된 과학적 사고방식으로 강조되어 온 것 같다. 인과적 신념들의 상당부분은 우리나라의 유교적 전통과 상통하는 면이 많아 과학적이고 합리적인 인식론으로 강화되어 온 것으로 보인다. 문제를 예방하고 해결하는 것을 주된 관심사로 여겨 온 우리 조상들은 [왜 질문]으로 시작하여 이분법적인 분별과 택일적 지시·명령, 평가·판단, 충고·설득 등의 [말하기]언어습관을 거리낌 없이 사용하게 된 것 같다.

인과론과 이분법적 분별과 택일적 지시·명령, 평가·판단, [왜 질문], 충고·설득 등의 [말하기]언어습관은 주체의 입장에서 객체에게 [작용]하는 것이며, 객체는 자동적으로 [반작용]하게 되어 모든 인간관계에서 작용의 효과는 없고, 반작용과 부작용만 증대시켜 온 것이다. 단지 과학적이라는 이유로 이런 사실을 망각하고 살아 온 것 같다. 어쩌면 우리 모두는 안타깝게도 모든 인간관계에서 작용의 효과가 없으니 작용의 강도를 점차적으로 높이게 됨으로써 반발과 부작용만 커지게 만드는 어리석은 삶을 되풀이 해 온 것인지도 모르겠다.

우리 사회는 지금 모두 분노로 가득 찬 모습을 보이고 있는 것 같다. 이는 다분히 인과론적 언어습관으로 야기된 현실이라고 여겨진다. 여기에 급속도로 발전해 온 인터넷과 무차별적 언론의 공개가 이를 더욱 부채질하고 있는 것 같기도 하다. 이대로 가면 모든 인간관계에서 불신과 오해와 갈등이 증대되어 갈까 두렵다. 지금 우리 모두에게 절실하게 필요한 것은 인과론적인 분노를 해소하고 본래부터 존재해 온 연결을 새롭게 인식하는 것이라 여겨진다. 그래서 부-부 간, 부모-자녀 간, 형제 간, 너-나 간, 인간-자연 간, 지구-우주 간의 연결을 살피면서, 이런 연결들에 대한 굳건한 믿음을 키워가는 방안을 모색하는 것이 이런 부작용을 타개하는 유일한 방법이라 여겨진다.

　이런 노력을 통해 오해, 갈등, 분열, 투쟁을 멈추고, 대신에 이해, 공감, 신뢰를 통해 양보와 타협을 경험하고, 나아가 기쁨과 희망을 공유하면서, 자신의 건강과 함께 우리 모두의 건강을 만들어 갈 수 있을 것이다. 나아가 개인, 가족, 사회, 국가, 자연, 우주가 유기적으로 연결되어 있음을 확인할 수 있으며, 우리 모두가 함께 진화해 갈 수 있다는 믿음을 확장시켜 갈수 있을 것이다. 다시 말하면, 지금 우리 모두는 인식론의 전환을 위한 노력을 우선적으로 하여야 한다는 것이다. 그것은 인과론으로부터 순환론으로의 전환이다. 이와 같은 인식의 전환을 위해 과학과 학문분야에서는 신과학 운동이 활발하게 일어나고 있다. 과학분야의 인식론의 전환에 맞추어 우리 모두 생활 속에서 인과론으로부터 순환론으로의 인식론적 전환을 위한 국민운동이 필요한 시점에 와 있는 것으로 보인다.

　신과학 운동은 20세기 초부터 칸트(Immanuel Kant)의 철학적 전통과 프랑크(Max Planck)와 아인슈타인(Albert Einstein)의 광학법칙, 에딩턴(Arthur Stanley Eddington)의 우주에 관한 형이상학적 이론, 그리고 그레고리 베이트슨(Gregory Bateson)의 생태체제 인식론에서 그 뿌리를 찾을 수 있다. 순환론은 이 세계는 직접 혹은 간접으로 연결되어 서로의 운명에 관여하며, 인간은 세계에 작용하여 자신의 운명을 선택할 수 있을 뿐만 아니라 양자는 상호의존적 맥락에서 서로 영향을 주고받는다는 신념들을 제공한다.

　이런 신념에 따라, 선(善), 악(惡), 정(正), 사(邪)도 맥락에 따라 상대적으로 결정된다고 믿는다. 따라서 양분성은 부정되며, 낮-밤, 선-악, 정-사, 미-추 … 등의 대조적 양면은 동전의 양면처럼 맥락에 따라 상호의존적으로 교대하는 것으로 본다. 뿐만 아니라 인과론에서 절대적인 진리처럼 인식하고 있는 과거-현재-미래의 시간 연속성도 순환론에서는 시간은 여기-지금에만 존재한다고 봄으로써 우리 모두가 과거와 미래의 생각으로 불안과 두려움을 겪지 않아도 된다는 신념을 제공하고 있다.

우리 모두 노력해서 이와 같은 순환론적인 시각과 사고방식을 지니고 산다면, 연결과 맥락을 보려고 할 것이며, [말하기]보다 [듣기]를 먼저하게 될 것이며, 맥락에 따라 의미나 의사를 파악하려고 노력할 것이며, 어떠한 상대 혹은 대상과도 이해, 공감, 사랑을 나누는 언어습관을 습득할 수 있게 될 것이며, 있지도 않는 과거와 미래의 불안과 공포로부터 해방될 수 있도록 도울 것이다. [듣기]의 언어습관은 상대의 작용이나 반응에 대해 먼저 그의 입장이 되어 보고, 그의 내면에 일어나고 있는 욕구, 느낌, 의사를 짐작하여 ["—구나"], ["—군요"]와 같이 [듣기]를 하여, 상대로 하여금 ["예, 나는 —을 느낍니다"], ["예, 나는 —을 바랍니다"]와 같이 어렵지 않게 [말하기]를 하도록 돕는다.

이런 [듣기]와 [말하기]를 통해 서로 이해, 공감, 합의, 협력 등이 가능하고, 그 결과 욕구충족, 감정해소가 일어나, 상호존중, 상호신뢰, 기쁨, 즐거움, 희망을 나눌 수 있게 될 것이다. 나아가 이 세상만물이 조화와 균형을 위해 유기적 연결 속에서 움직이고 있는 것을 보고 느낄 수도 있게될 것이다. 저자는 순환적 인식론과 사고방식, 그리고 허용과 존중의 언어습관이 인류의 공영을 도울 수 있는 유일한 길이라고 믿는다.

5. 언어습관과 삶

언어습관은 삶의 규칙들을 만든다. 우리 모두 아무렇게나 살아가는 것이 아니라 일정한 규칙을 가지고 살고 있다. 아주 엄격한 규칙들을 만들어 놓고 그 규칙들에 따라 살아가고 있는 사람들이 있고, 반면에 아주 산만한 규칙들을 만들어 놓고 혼란스럽게 살아가고 있는, 사람들이 있다. 이들 삶의 규칙들은 태어나 자란 가족생활의 규칙들과 닮은꼴이다. 지나친 지배－복종의 [상보성 부부관계]를 발달시킨 가족은 아주 엄격한 규칙들을 만들어 적용시킬 가능성이 높고, 지나친 지배－지배의 [대칭성 부부관계]를 발달시킨 가족은 아주 산만한 규칙들을 만들어 적용시킬 가능성이 높다.

　아주 엄격한 규칙들에 따라 사는 사람들은 그들의 가족생활 규칙들이 [절대로], [반드시], [항상], [결코], [꼭] 등과 같은 강조부사와 함께 [하여야 한다] 혹은 [해서는 안 된다] 같은 [말하기]로 진술되며, 아주 산만한 규칙들에 따라 사는 사람들은 그들의 가족생활 규칙들이 일관성이 없이 식구들의 감정변화에 따라 예측불가 상태로, 허용했던 행동을 잠시 후 금지하는 방식으로 적용된다. 전자의 사람들은 사회적으로 적응하는 생활을 하는 데는 문제가 없으나 개인적으로 괴롭고 힘든 삶을 살게 되며, 후자의 사람들은 개인적으로는 잠깐 편할 수는 있으나 사회적으로 제제를 받게 되어 결과적으로 괴롭고 힘든 삶을 살아가게 된다.

　따라서 우리는 아주 엄격하지도 않고, 아주 산만하지도 않은 제3의 편안하고 즐기면서 행복하게 살아갈 수 있는 삶의 규칙을 발달시켜야 할 것이다. 이것은 중도(中道) 혹은 중용(中庸)의 신념에 따라 아주 엄격하지도 않고, 아주 산만하지도 않는 규칙들을 적용하면서 살아가는 삶이다. 이것은 융통성이 있으며, 정직하고 진실하며, 직접적인 자기 표현과 함께 [“―구나”], [“―군요”]와 같이 [듣기]를 위주로 하며, 솔직한 자기 표현이 [나－문장 말하기]로 허용되며 존중된다. 이들은 개인적인 욕구가 사회적 규범에 벗어나지 않으면서 충분히 만족되는 삶을 즐길 수 있을 것이다.

　우리들의 삶은 이와 같이 가족생활을 통해 부지불식간에 습득된 규칙들과 언어습관에 좌우되고 있는 것이다. 우리는 본능적으로 생존하기 위해 노력하며, 그러기 위해 안전에 유의하면서 살고, 관계발달을 통해

소속감을 가지려고 노력하며, 이들이 원만하게 성취되었을 때 타인에게 의존하기보다 자율적·독립적 동기에 따라 자존감을 높이고, 더불어 온갖 모험을 통해 자기 실현과 자기 성장의 노력을 하면서 살아가려고 노력하게 된다.

엄격한 규칙들을 지니고 사는 사람들은 생존과 안전 단계까지 발달하는 데는 문제가 없겠으나, 그 다음의 소속·친밀성 단계, 자존의 단계, 자기 실현의 단계로 발달하기가 어렵다. 이들의 엄격한 규칙들이 원만한 인간관계의 발달을 방해하기 때문이다. 이들은 가족생활, 개인생활, 그리고 사회생활의 연결은 [절대로], [반드시], [항상], [결코], [꼭] 등과 [하여야 한다] 혹은 [해서는 안 된다] 같은 엄격한 규칙들에 방해받고 있는 것이다.

이를 테면, 열심히 일하고 돈을 모아 부자가 되었지만, 그 돈을 타인에게 빼앗기게 될까봐 비밀금고를 만들고, 그것도 안심되지 않아서 담장을 높인 다음 철조망을 두르고, 거기에 고압전류까지 흐르게 해 놓고 살고 있다면, 이들은 생존과 안전 단계에 고착되어 불안과 두려움에 떨면서 살게 될 것이다. 이런 사람들의 언어습관에서는 불신, 불안, 두려움이 반영되며, 경고와 위협을 위주로 하는 [말하기]가 나타나며, 어느 누구의 이야기도 허용하여 존중하는 [듣기]를 거부하는 행태가 나타난다.

돈은 행복한 삶을 살아가는 수단이기 때문에 절약하는 생활을 하면서 모으게 되는데, 그 과정에 이들의 엄격한 규칙들은 타인들과 원활한 의사소통을 방해하여 결과적으로 의심과 불신, 불안과 두려움에 돈을 지키는 것을 삶의 목적으로 착각하게 만든 것이다. 이와 같은 세상과 타인들과의 의사소통의 실패는 다분히 자신의 엄격한 삶의 규칙들과 자기중심적이며, 일방적인 언어습관과 관련이 깊다. 예를 들면, 지시·명령, 평가·판단, [왜 질문], 충고·설득 등의 일방적 언어습관에 상대의 반발들을 겪다가, 불신, 불안, 공포 등을 경험하게 된 것이다. 그러니까 엄격한 규칙들과 언어습관이 이끄는 대로 불안, 두려움, 우울경향을 지닌 체 괴롭고 힘든 삶을 살아가게 되는 것이다.

반면에 산만한 규칙들을 지닌 사람들은 생존 단계를 유지하는 데도 곤란과 괴로움을 겪으며 살게 될 가능성이 높다. 이들은 죄책감 없이 사회규범들을 어길 수 있으며, 살기 위해 그리고 자기의 이익을 위해 타인들을 해칠 수 있으며, 일관성의 결여로 신뢰와 친밀성을 교환하는 대인관계를 유지하기가 힘들게 될 수 있다. 결국 이들은 외톨이가 되어 법의 제제를 받게 되고, 결국 타인들과 격리된 삶을 살아가게 될 가능성이 높다. 잘못하면 정신이상자 취급을 받으며, 일생을 외롭고 힘들고 괴롭게 살아가게 될 수도 있을 것이다.

융통성 있는 삶의 규칙은 개인과 사회를 연결하여 원활한 단계적 발달과 자기 성장적인 진화를 도울 것이다. 이 삶의 규칙들을 지닌 사람은 생존, 안전, 소속·친밀 단계를 넘어 자존과 자기 실현의 단계로 순조롭게 발달되어 갈 것이다. 이들은 세상을 순환적 시각으로 바라 볼 수 있고, 타인들과 정당한 주고−받기를 전제한 [대등성 관계]를 발달시킨 다음, 일치하기 생활자세를 가지고, 상대를 존중하고 허용하는 [듣기]와 진실한 의사전달의 [나−문장 말하기]가 생활 속에서 자연스럽게 실천될 것이다.

그런데 우리 인간은 이전에 습득한 삶의 규칙들과 인과적 인식의 틀을 컴퓨터처럼 기계적으로 바꾸지는 못한다. 그래서 저자는 귀납적인 방법으로 무조건 타인을 존중하여 허용하는 [듣기]를 먼저 실천하는 언어습관으로 바꾸기로 하였다. 그리고 융통성 있는 삶의 규칙들을 실천하면서 사는 것이 편안하고, 즐겁고, 행복한 삶을 이끄는 효율적인 방법이라고 생각하게 되었다. 그래서 저자는 삶의 규칙들에서 [절대로], [반드시], [항상], [결코], [꼭] 등의 부사를 아예 빼 버리고, [하여야 한다] 혹은 [해서는 안 된다]는 [하는 것이 좋다] 혹은 [안하는 것이 좋다]로 바꾸기로 한 다음, 그대로 실천하고 있다.

융통성 있는 삶의 규칙은 상대로 하여금 [나−문장 말하기]를 하도록 도와, 결과적으로 욕구, 느낌, 감정의 충족과 해소가 가능해지고, [듣기]와 [나－문장 말하기]의 교대가 가능해지면서, 상호이해, 공감, 신뢰, 합의와 상호협력이 가능해지게 되며, 이를 바탕으로 대등한 관계의 발달은 물론, 일치하기의 생활자세를 습득하게 되어, 인식의 전환까지 이어지게 되고, 결과적으로 순환적 인식론을 터득하여 생활의 활력을 얻어가고 있다.

순환적인 인식론에 따라 세상을 유기적인 연결로 파악할 수 있고, 그 연결을 상호이해, 공감, 신뢰, 합의와 상호협력으로 발달시켜 갈 수 있다면, 우리는 자연의 이치에 따라 욕구위계의 단계들을 순차적으로 성취해 나가는 삶을 살 수 있게 될 것이다. 이런 연결 속에서는 상호이해와 공감 그리고 사랑이 극단적인 불안과 공포를 극복할 수 있도록 도울 것이며, 안녕, 기쁨, 즐거움, 보람, 사랑과 희망을 나누는 삶을 누릴 뿐만 아니라 대를 이어 이런 언어습관과 융통성 있는 삶의 규칙들은 물론 순환적 사고방식과 순환적 인식론을 물려줄 수 있게 될 것이다.

PART 3

언어습관의 문제

PART 3 언어습관의 문제

언어습관이 일으키는 문제들을 생활의 영역별로 설명하려고 노력하였다.

1. 의사소통의 문제
2. 부부관계의 문제
3. 부모-자녀관계의 문제
4. 형제관계의 문제
5. 인간관계의 문제
6. 신체건강의 문제
7. 심리건강의 문제

1. 의사소통의 문제

우리들 주위를 둘러보면, 어떤 상대를 만나도 미소 띈 표정으로 눈을 맞추면서 [들어주기]를 잘하는 사람이 있고, 찌푸린 표정으로 시선을 피하면서 [듣기]를 거부하는 사람이 있고, [말하기]를 좋아하고 그 내용은 어떤 사람이나 세상사에 대해 분별하고 평가하고 판단하면서 흥분하고 분개하며 비난하기를 좋아하는 사람이 있다. 누구에게나 [들어주기]를 잘하는 사람은 자기 안의 문제가 충분히 해소되어 의사소통을 즐기는 사람이고, 그래서 행복한 삶을 영위하지만, [듣기]를 거부하고 [말하기]만 좋아하는 사람은 자기 안에 미해결문제가 많아지게 되어 [듣기]의 여유가 없을 뿐만 아니라 일방적인 의사만 지니기 때문에 괴롭고 힘든 삶을 살면서, 타인들까지 괴롭히고 있는 사람이다.

의사소통을 잘 하려면 우선 의사소통의 3요소를 이해하는 것이 중요하다[1]. 첫째는 언어적 요소이다. 화자가 소리를 내어 메시지의 [내용]이 청자에게 들리게 하는 언어적 메시지이다. 둘째는 비언어적 요소이다. 청자가 눈으로 보거나 귀로 들어 메시지의 [의미]를 파악하도록 보내는 시선, 표정, 자세, 동작, 말의 빠르기, 억양 같은 비언어적 수준의 메시지이다. 셋째는 맥락적인 요소이다. 의사소통이 일어나고 있는 상황과 화자와 청자의 관계성으로 의사소통의 범위나 [의사]의 중요도에 영향을 미치는 것이다.

화자와 청자 간 의사소통이 잘 되고 있을 때는 이들 3요소가 일치되어 의사가 정확하게 소통된다. 화자가 이들 요소들이 일치되게 말을 하면, 청자는 정확하게 화자의 의사를 들을 수 있고 파악할 수 있다. 예를 들면, 아이가 배가 고플 때, "엄마, 저 배가 고파요."라고 말하면, 어머니는 "아침을 조금 먹더니 배가 일찍 고픈가보구나."라고 듣고, 곧 밥을 차려줄 것이다. 이 경우 화자는 정확한 의사전달로 곧 배고픔을 해소하게 될 것이다. 이와 같이 화자와 청자가 욕구, 느낌, 감정, 생각 등의 의사를 있는 그대로 [말하고-듣기]를 교대하면, 의사소통이 잘 되고 있는 것이다.

그런데 아이가 "엄마, 밥 안주고 뭐해?"라고 말하면, 이런 말투를 자주 들은 어머니는 짜증이 나서 "넌 엄마가 뭐하고 있는지 안보여? 좀 기

---

1) 의사소통(김선남, 2006, 43-46)

다려.”라고 반응하여, 아이는 배고픔을 즉시 해소하지 못할 수도 있을 것이다. 이 경우 아이는 자기 내면의 욕구와 미해결문제의 표현을 생략한 체 어머니의 행동을 평가하고 비난한 것이다. 이와 같이 화자가 청자를 통제하거나 조종할 의사를 습관적으로 지니게 되면, 이들 요소들 간에 불일치가 생기게 되고, 의사소통에 터무니없는 오해가 발생할 뿐만 아니라, 관계당사자들 간에 [지배력 다툼]같은 갈등이 발생하여, 관계를 통해 협력해야 할 일이 잘 처리되지 못할 수도 있을 것이다.

의사소통의 문제는 특히 언어적 요소와 비언어적 요소 간 정반대의 불일치가 있을 때 발생한다. 화자는 언어적 요소에 통제와 조종의 내용만 있고, 자기 내면의 불안, 걱정, 두려움 등의 감정은 없는 체 한다. 예를 들면, 화자가 언어적으로는 “오너라.”라고 말하고, 비언어적으로는 “오지 마라.”라는 의미를 전달할 때, 청자는 어느 쪽 메시지에 반응할 것인가에 혼란이 생기는 경우 같은 것이다. 최악의 경우 청자가 언어적 메시지에 반응을 해도 벌과 같은 불이익을 받고, 비언어적 메시지에 반응을 해도 벌을 받는 상황이 되풀이 된다면, 거기에 더하여 그런 맥락에서 벗어날 수 없게 된다면, 청자에게 정신분열 같은 증상이 발생할 수도 있을 것이다.

그리고 우리들 중 많은 사람들이 의례적 맥락에서 불일치의 이중적 메시지를 습관적으로 사용하는 경향이 있다. 이를 테면, 싫은데: “예”, 좋은데: “아니요”, 화가 나는데: “괜찮습니다”, 하기 싫은데: “좋습니다”…. 등 자기 내면의 느낌이나 감정과는 반대의 반응을 상대나 상황에 따라 의례적으로 습관적으로 나타내는 것이다. 이와 같이 화자가 자기 내면의 욕구, 느낌, 감정을 숨긴 체 청자의 비위를 맞추는 생활을 한다면, 삶은 즐겁지 않고, 괴롭고, 신체적인 피로가 쌓이면서 마음속에 불만과 원망만 쌓여 갈 것이다.

의사소통은 [나]와 [너]와의 관계맥락에서 언어적 요소와 비언어적 요소를 일치시키는 [나 – 문장 말하기]가 원활하게 일어날 수 있도록 하여야 한다. 이런 일치적인 의사소통을 통해 나와 너는 서로 이해하고 공감하여, 양보와 타협이 자연스럽게 일어날 수 있다. 나와 너 사이에는 욕구, 느낌, 생각, 신념, 가치 등에 차이가 없을 수 없다. 의사소통과정에서 이런 차이를 파악하고 확인하여, 이를 서로 허용하고 존중하는 것이 양보와 타협의 요체이다. 서로 간에 의사소통이 원활하게 일어난다면, 이런 차이들이 존중되고, 허용되며, 서로 이해하고, 조금씩 양보하여 결과적으로 타협할 수 있게 될 것이다. 그런데 자기와 욕구, 느낌, 생각, 가치, 신념 등의 차이를 반대나 거절로 해석하여, 오해하고 갈등하며, 결국은 파벌싸움으로 격화되어 가는 현실은 안타깝기 그지없다.

이 세상은 서로 다른 사람끼리 각자의 개성을 나타내고, 차이가 존중되면서, 서로 약점과 장점을 상호의존적으로 보완함으로써 균형과 조화가 자연스럽게 이루어질 수 있을 것이다. 이런 세상이 아름다운 세상이다. 의사소통의 결과 이런 세상이 되려면, 상대가 가진 욕구, 느낌, 생각, 신념, 가치 등을 먼저 경청하여 이해한 다음 나의 욕구, 느낌, 생각, 신념, 가치 등을 상대에게 정직하게 전달하여 이해와 공감을 나누는 일이 자연스럽게 일어날 수 있어야 할 것이다. 그러려면 의사소통 당사자들은 먼저 언어적 메시지와 비언어적 메시지 간 일치 여부를 파악하면서 [듣기]를 하고, [나−문장 말하기]로 자기의 의사를 분명하게 전달하여, 서로 자연스럽게 [주고−받기]를 교대하는 언어습관이 만들어져야 할 것이다.

그런데 우리 대부분이 자연스럽게 습득한 언어습관은 [조종/통제]와 [복종시키기]를 염두에 둔 [너−문장 말하기]이다. [너−문장 말하기]는 자기 내면의 느낌과 감정을 감추게 됨으로써 요소들 간 불일치의 메시지이다. 우리 대부분은 불안, 두려움, 걱정, 염려는 감추고, 오직 상대에게 책임이 있다는 투의 분별/평가/판단하는 [너−문장 말하기]를 습관적으로 사용하도록 길러진 것이다. 그래서 자기와 자기 안전에 영향을 미칠 수 있는 가까운 사람에게 [너−문장 말하기]를 주로 하게 되는 것이다. 그 목적은 [너]에게 작용하여 자기가 안전하다고 생각하는 방향으로 통제하거나 조종하려는 것이 분명하다. 지시 · 명령하기, 분별 · 평가 · 판단하기, 비교 · 충고 · 설득하기, 경고 · 위협 · 비난하기… 등의 [너 − 문장 말하기]는 [너]를 위험에서 구하고, 안전을 도모하는 명분은 있으나, 자신의 불안, 두려움, 걱정, 염려는 언어적 요소로도 비언어적 요소로도 나타내지 않는 자기 중심적 언어습관이다.

이런 일방적인 작용은 같은 힘의 반작용을 유발할 뿐이다. 이는 [작용 − 반작용의 법칙]에 따라 그 효과는 [제로]가 된다는 사실을 망각하여, 그 효과가 있는 것으로 착각한 의사소통방식이다. 장기적으로 작용한 효과가 없다는 것을 확인한 [나]는 작용을 더 강화시켜야 한다는 판단을 내리게 되고, 그 결과 더 강한 작용을 실행하여 더 강한 반작용과 반발(부작용)을 불러일으키는 어리석음을 되풀이 하고 있는 것이다. 이와 같은 악순환이 되풀이 되고 있는 것이 우리들 대부분이 겪고 있는 현실이다. 이런 맥락에서는 쌍방적인 의사소통은 일어날 수 없으며, 결과적으로 [나]는 오직 더 강력한 지배력으로 [너]를 복종시킬 궁리만 하게 된다.

[너 − 문장 말하기]로는 어떤 의사소통도 이해와 타협도 불가능하다. 그것은 [너]를 분별할 뿐만 아니라 평가하고 판단하여 더욱더 반발하게 만들뿐이다. 사람은 누구나 평가와 판단을 두려워하고 불안해하고, 그래서 싫어한다. 부정적인 평가와 판단을 싫어하고, 긍정적인 평가와 판단도 부담스러워한다. 따라서 [너 − 문장 말하기]로는 쌍방적 의사소통은 불가능한 것이다. 뿐만 아니라 그 부작용은 이루 헤아릴 수 없이 많다는 것을 경험적으로 알고 있을 것이다.

우선 [너 − 문장 말하기]를 습관적으로 사용하는 사람은 상대의 반발들을 예상하기 때문에 조바심이 생겨 편안하지 않다. 그래서 긴장하고, 짐짓 엄숙한 표정을 짓게 된다. 화를 낼 준비를 미리 하게 되는 것이다. [너 − 문장 말하기]를 하면, 상대는 거의 반사적으로 싫은 표정으로 전신을 긴장시키며 반작용을 준비한다. 여기에 분노와 의심은 필수적으로 수

반된다. 복종시키려는 상대의 의도를 예상하고 있기 때문이다. 결과적으로 서로 화를 부추기게 되고 의사소통은 실패하게 된다. [나]는 항상 반발만 하는 [너]로 인해 화가 나고, [너]도 화만 내는 [나]로 인해 반발하면서 화를 참거나, 다른 증상으로 대처하는 악순환이 되풀이 되고 있는 것이다. 이런 결과는 [나]도 [너]도 바라지 않는 것임에는 이견이 있을 수 없을 것이다.

나와 너는 개인적으로는 다 건강한 사람인데, 다만 둘이 마주하고 있을 때 일어나는 언어습관이 문제를 일으키고 있는 것이다. [나]와 [너]가 관계하는 맥락에서 [나]는 [너]를 먼저 허용하는 ["─군요"] 언어습관을 실천하여, 상대로 하여금 [나─문장 말하기]를 하도록 돕고, 상대가 듣기 준비가 된 것을 확인하고 [나─문장 말하기]를 하면, 자연스럽게 의사소통에 성공하게 될 것이다.

2. 부부관계의 문제

어떤 사람끼리 부부가 될까? 연애를 통해 결혼을 했던, 중매를 통해 결혼을 했던 두 사람은 서로를 선택하여 부부가 된 것이다. 이런 선택을 쉽게 설명하는 한 가지 방법이 인연이 맞아서 서로를 선택하게 되었다는 것이다. 서로 인연이 있다는 것을 좋게 풀이하면 서로 어울린다는 뜻이지만, 되새겨보면 서로 주고받을 것이 많다는 뜻이기도 하다. 그것은 각자 내면에 인(원인)으로 작용하는 것을 해소하는 연(조건)을 서로 상대에게서 많이 느낀다는 것이다. 우리 각자가 지닌 인(因)은 과거 경험 중에 미해결 문제들이 현재진행형으로 작동하고 있는 것이다. 그것은 끊임없이 연(緣)을 찾고 있다가 드디어 서로 만나게 되어 부부 인연을 맺게 된 것이다.

우리가 이 세상에 태어나서 지금까지 경험한 내용 중에 지금−여기서 작동하는 [인]의 강도는 경험한 내용에 따라 정도의 차이가 있는 것 같다. 즉 생활하면서 생긴 하나의 미해결문제에 관련된 감정이 다음 작용에 영향을 미치고, 그래서 자라면서 계속하여 쌓인 미해결문제의 양이 많은 사람과 상대적으로 그 양이 해소경험을 통해 줄어들어서 상대적으로 적은 것과 같은 차이이다. 이 세상에 태어난 누구나 완전한 욕구충족은 불가능하기 때문에 이런 정도의 차이가 생기는 것이다. 그러니까 미해결문제가 상대적으로 많은 사람은 어떤 자극에 대해서도 그만큼 감정적으로 반응하게 되며, 상대적으로 적은 사람은 그만큼 이성적으로 반응하게 되는 것이다.

부부관계 문제에서 언급하고자 하는 것은 과거 경험에서 미해결문제가 많은 사람끼리 혹은 적은 사람끼리 부부인연을 맺을 가능성이 높다는 것이다. 그 정도가 같은 사람끼리는 서로 거래할 것이 많아 끌리게 되고, 그 정도가 다른 사람끼리는 서로 거래할 양이 달라 소통이 잘 되지 않기 때문인 것 같다. 바꾸어 말하면 정도가 같은 사람끼리는 서로 각자의 [인]을 해소시키는 [연]을 서로 같은 정도로 느끼기 때문에 소통이 잘 되는 것으로 보인다.

그럼에도 불구하고 부부관계는 인간이 진화과정에서 발전시킨 가장 지속적이고 가까우며, 생산적인 동시에 파괴적인 관계로 보인다. 비슷한 인연끼리 만난 부부관계의 질은 여타 인간관계의 질을 좌우하게 되는 것 같다. 어쩌면 인간은 부부관계에서 가장 깊은 만족과 안정을 경험할 수 있으며, 동시에 가장 깊은 불만족과 상처를 경험하게 되는 것 같다. 미해결문제가 비교적 적은 부부끼리는 때로는 차이를 허용하고 상대를 존중하는 대화를 하기 때문에 만족과 안정을 경험하는 부부생활이 가능할 것이고, 상대적으로 미해결문제가 많은 부부끼리는 분노를 해소하려는 잘못된 시도가 더 큰 분노를 불러일으키는 경험을 되풀이하면서 갈수록 미해결문제를 더 많이 쌓아가게 되는 것 같다.

이런 부부관계의 질이 부모-자녀관계의 질은 물론 형제관계, 더 나아가 다른 대인관계의 질을 좌우하게 된다. 분노를 해소하려는 잘못된 언어습관이 부부관계에서 갈등을 더욱 격화시켜가며, 부모-자녀 관계에서도 비슷한 강도의 갈등이 발생할 수밖에 없으며, 이는 여타 대인관계에서도 갈등적 시각과 평가하고 판단하고 비난하는 언어습관을 작용시키게 만드는 것이다. 사실 이런 부부는 그들의 부모의 잘못된 결혼생활을 답습하고 있으며, 그들 자신의 미해결문제를 더하여 더 힘든 결혼생활을 하고 있는 것이다.

[나는 부모처럼 결혼생활을 행복하게 하겠다]는 생각을 가진 사람도, [부모처럼 싸우기만 하는 불행한 결혼생활을 하지 않겠다]는 생각을 가진 사람도 상대를 탐색, 분별, 평가, 판단하는 기준은 부모의 결혼생활이다. 아내는 친정아버지의 결혼생활 태도를 기준으로 삼아 남편의 결혼생활 태도를 평가·판단하고, 남편은 어머니의 결혼생활 태도를 기준으로 삼아 아내의 결혼생활 태도를 평가·판단하기 시작하는 것이다.

이상한 것은 아버지를 싫어했던 아내는 남편의 행동이나 말투에서 아버지와 비슷하거나 닮은 것을 찾으려하고, 그것이 발견되면 어김없이 어머니가 아버지를 비난했던 말투로 남편의 행동을 비난하게 된다. 마찬가지로 어머니를 싫어했던 남편은 아내의 행동이나 말투에서 어머니와 비슷하거나 닮은 것을 찾으려 하고, 그것이 발견되면 아버지가 어머니를 면박주는 말투로 아내의 행동을 비난하게 되는 것이다. 이렇게 부부는 각자 부모의 결혼생활과 언어습관을 무의식적으로 되풀이하면서 각자의 미해결문제로 인한 감정을 더하여 가는 경향이 있는 것이다.

이런 사람끼리 부부가 되는 것은 우연이라기보다는 필연에 가까운 것 같다. 원만한 결혼생활을 한 부모의 자녀는 원만한 결혼생활을 영위한 부모의 자녀와 부부의 연을 맺을 확률이 높고, 갈등적 부모의 자녀는 역시 비슷한 갈등관계의 부모의 자녀와 부부가 될 가능성이 높다는 것은 앞에서 언급한 이치에 따른 것이다. 이렇게 되는 데는 사람들 누구나 지닌 [기대], [완결], [자기실현] 등이 관여하는 무의식적인 과정으로 보인다.

허용, 이해, 존중, 신뢰, 사랑, 기쁨, 즐거움, 희망 등을 많이 경험하면서 성장한 사람은 대인관계에서 이들의 의사를 가진 사람에 끌리게 되고; 금지, 제한, 경고, 위협, 불안, 공포, 열등감, 슬픔 등을 많이 경험하면서 자란 사람은 이들의 의사를 내포한 언어습관에 민감하여 그 반대의 모습으로 연기하는 사람에게 끌리게 된다는 것이다. 허용, 이해, 존중, 신뢰, 사랑, 기쁨, 즐거움, 희망 등을 많이 경험하면서 성장한 사람은 [자기실현]을 기대하며, 언어습관에서 그런 의사를 내포한 사람에게 끌리게 되고; 금지, 제한, 경고, 위협, 불안, 공포, 열등감, 슬픔 등을 많이 경험하면서 자란 사람은 [완결] 혹은 [해소]를 기대하며, 그런 의사가 비치는 언어습관을 지닌 사람에게 무의식적으로 끌리게 되는 것 같다.

그런데 역설적이라고 볼 수밖에 없는 현상은 아버지를 싫어했던 여성은 아버지와 비슷한 말투에 민감하면서 그와 대조적인 특성을 연기하는 남성에게 더 끌리는 경향이 있다. 예를 들면, 본래 그런 부모 밑에 자라서 독단적이며 지배적인 남성이 배려하고 타협적인 말투를 특히 마음에 드는 여성 앞에서는 연기할 수 있다. 독단적이고 지배적인 아버지를 보고 자라면서 아버지와 대조적인 모습을 이상으로 그려온 여성이 이 연기에 끌리게 되어 결혼까지 하게 되는 경우이다.

그러나 이들은 결혼해 살면서 아내는 아버지와 같은 남편의 모습을 발견하고는 그것을 고치려고 시도하게 되고, 남편은 어머니와 같은 잔소리를 하는 아내를 발견하고는 아버지가 어머니를 대하듯 아내를 대하게 됨으로써 그들은 각자 부모의 결혼생활 태도를 되풀이하면서 더 악화시켜가는 경향이 발생하고 있는 것이다. 결국 부부는 그들의 부모와의 관계에서 지니게 된 미해결문제를 무의식적으로 해결하여 완결하려는 시도를 하고 있는 셈이다. 이렇게 그들은 각자의 미해결문제를 해결하려는 시도를 그들의 자녀들에게 똑같이 물려주고 있다는 것이다.

그러니까 언어습관이 비슷한 사람끼리 상보적인 미해결문제를 지니게 되어 무의식적으로 끌리게 되며, 그런 사람끼리 부부가 될 가능성이 높은 것이다. 이렇게 될 수밖에 없는 연유는 인간은 누구나 미해결문제가 있으면 두고두고 그것을 해결하려는 [완결]의 경향이 있기 때문이다. 아버지와 미해결문제를 지닌 여성은 아버지와 비슷한 남편을 만나 기어코 그것을 해결하려 하고, 어머니와 미해결문제를 가진 남성은 어머니와 비슷한 아내를 만나 그것을 해결하려는 무의식적인 작용이 있는 것처럼 보인다. 이렇게 보면, 상보성 부부관계의 자녀들은 결혼하여 상보성 부부관계를 발달시키게 되며, 대칭성 부부관계의 자녀들은 결혼하여 대칭성 부부관계를 발달시키게 되는 것 같다.

이런 무의식적인 동기와 인간본래의 지배욕이 작동하면서 부부관계는 지배-복종의 상보성 관계 아니면 지배-지배의 대칭성 관계를 발달시키게 된다. 부부관계의 문제는 지나친 상보성 관계와 지나친 대칭성 관계에서 발생하게 된다. 부부관계의 문제는 부모-자녀관계 문제로 발전하며, 그것은 형제관계의 문제 및 기타 대인관계의 문제로 확산되어 간다. 인간관계의 유기적 작용이 이런 역기능적 관계성을 확산시켜 가게 되는 것이다.

지나친 상보성 관계에서 지배자는 계속해서 지배적 언어습관(지시·명령하기, 분별·평가·판단하기, 비교·충고·설득하기, 경고·위협·비난하기… 등의 [너-문장 말하기])을 사용하면서 극도로 [분노]를 표출하고, 복종자는 계속해서 회유적인 언어습관("예", "아니요", "괜찮습니다", "좋습니다", "알았습니다" 등 자기 속의 느낌과 반대의 반응)을 사용하면서 극도로 [분노]를 참으며 우울·불안·공포 증상으로 상대에게 보복하고자 시도한다.

이런 지나친 상보성 관계에서는 지배자도 복종자도 장기적으로는 [상호욕구충족]이라는 관계의 목적을 실현하는 삶에 실패하게 된다. 지배자는 일시적으로 지배적인 언어습관으로 욕구충족에 성공한 듯하지만, 곧 상대의 증상행동(우울, 불안, 공포 등)을 통한 보복으로 상쇄되고 만다. 양자 모두 분노의 피해자로 삶을 살아가게 되는 것이다.

지나친 대칭성 관계에서 부부는 지배적인 언어습관에 대해 똑같은 지배적인 언어습관으로 대응하게 됨으로써 양자 모두 분노에 휘말려 싸우게 되고, 결과적으로 지속적인 상호욕구충족의 실패로 이어지는 삶을 살게 된다. 이런 경우 부부는 함께 사는 이유를 상실하게 되어 일찍이 이혼을 하게 되거나 가출 혹은 유기와 같은 사건이 발생하게 된다. 자식들 걱정에 이혼을 미루게 되면, 결혼생활 자체는 지옥처럼 되어가고, 자식들은 부부의 갈등을 그대로 내면화시키게 되어 갈등적 부부생활이 대를 이어가게 될 뿐이다.

이런 부부관계의 당사자들이 문제점들을 스스로 찾아 가면서 관계를 바꾸기는 어렵다. 그러나 부부관계 및 가족상담 전문가의 도움을 받을 수 있는 기회가 생긴다면, 관계당사자 모두 개인적으로 병든 것이 아니라 관계하는 언어습관 탓으로 관계가 나빠지고 있을 뿐이라는 점을 깨닫게 될 것이다. 나아가 서로 차이를 인정하고, 허용하고, 존중하는 언어습관을 통해 서로 이해하고, 공감하고, 신뢰하게 되는 대등성 관계를 발달시킬 수 있을 뿐만 아니라 상호욕구충족에 성공하는 새로운 삶을 경험할 수 있게 될 것이다.

3. 부모-자녀관계의 문제

모든 부모의 한결같은 마음은 그들의 자녀를 잘 키워 자기들보다 나은 사람으로 만들려는 것이다. 비록 [나]는 이렇게 힘들게 살고 있지만 [너]는 건강하고 행복하게 살도록 만들고 싶은 것이다. 그러나 욕구의 강도는 한결 같지는 않은 것 같다. 매우 자녀에 대해 강한 욕구를 지닌 부모가 있을 수 있고, 상대적으로 약한 욕구를 지닌 부모가 있을 수 있다는 것이다. 문제는 자녀에 대한 강한 욕구를 지닌 부모일수록 성장과정의 자녀에게 제한과 금지 등의 간섭을 많이 하게 된다는 것이다. 그것은 [부부관계의 문제]에서 지적한 그들 자신의 미해결문제와 관련이 깊은 것이다. 결국 그들 자신의 미해결문제를 해소하려는 언어습관으로 자녀를 기르게 된다는 것이다.

부부관계성은 그들 각자의 미해결문제에 따른 언어습관으로 만들어지고, 그것으로 그들 각자의 자녀와의 관계성을 만들어 가게 되는 것이다. 따라서 부부관계는 나쁜데, 부모-자녀관계는 좋은 경우는 일어날 수 없는 것이다. 그것은 부부와 그 자녀는 하나의 유기적 체제로 작용하고 있기 때문이다. 만약 부부가 각자의 미해결문제를 서로 상대를 통해 해소하려는 언어습관 대신에 서로 차이를 존중하고 그것을 허용하는 언어습관으로 관계를 바꾼다면, 거기에는 이해, 공감, 신뢰, 관심, 즐거움, 기쁨, 보람, 평안, 희망이 경험될 것이며, 부모-자녀관계에서도 간섭보다는 관심, 허용, 인정, 감사, 즐거움이 경험될 것이다.

그러나 부부가 서로 차이를 부정하고 각자의 미해결문제를 상대를 통해 해소하려는 언어습관으로 서로 같게 만들어 가려는 시도를 한다면, 거기에는 의심, 분별, 평가, 판단, 비교, 비난, 명령, 지시, 경고, 위협, 충고, 조언 등이 경험될 것이며, 부모-자녀관계에서도 부모의 부부관계에서 서로 실망하고 낙담하는 시각과 언어습관으로 자녀의 행동을 분별하고 평가·판단함으로써, 비교, 질책, 충고, 조언, 경고, 위협, 불안, 공포, 열등감 등이 경험될 수밖에 없을 것이다.

자녀의 행동에 대해 부모의 의심, 분별, 평가, 판단, 비교, 비난, 명령, 지시, 경고, 위협, 충고, 조언 등의 언어습관은 중력이 있는 곳에 존재하는 불변의 진리인 [작용-반작용의 법칙]에 따라 효과는 [제로]이고 부작용만 늘어가게 만들고 있는 것이다. 어떤 행동의 반대성만을 강요하는 [일차원적 변화](예를 들면, 부정직해 보이는 행동에 대해 정직한 행동만을 강요하는 등)를 시도하는 언어습관 때문이다. 이와 같은 일차원적 변화의 언어습관은 문제를 해결하기보다 오히려 문제를 만들어 양자 모두 문제의 늪에 빠져 헤어나지 못하게 만들고 있을 뿐인 것이다.

만약 부부가 지나친 지배─복종의 상보성 관계에 고착되어 있으면, 지배적인 남편은 자기 중심적이며 독단적인 지배력을 행사하는 언어습관을 사용할 것이고, 복종적인 아내는 주로 회유적인 언어습관과 함께 우울경향을 나타내게 될 것이다. 이런 편향된 관계성을 관찰하면서 자라는 자녀들은 어머니와 동맹관계를 만들어, 지배적인 아버지(남편)에게 대항하는 가족역동이 발달하게 될 것이다. 이런 경우 남편(아버지)은 더 강한 지배력을 행사하는 언어습관을 사용하게 되고, 어머니와 동맹관계의 자녀들은 위축된 모습으로 회유적인 언어습관과 함께 더 심한 우울경향을 나타내게 될 것이다.

만약 부부가 지나친 지배─지배의 대칭성 관계에 고착되어 있으면, 부부간 어떤 합의도 타협도 생길 수 없고, 부부는 싸우면서, 서로 증오하면서, 각자의 잘못된 신념을 고집스럽게 관철시키는 언어습관을 사용하게 될 것이다. 이 경우 쉽게 일어날 수 있는 사건이 이혼이고, 어쩔 수 없는 다른 문제로 이혼을 결행하지 못하게 되면, 유기, 살인까지 이어질 수 있는 감정상태에 빠질 수도 있다. 이혼이 되지 않는 경우는 대개 자녀들이 있기 때문이다. 이런 경우 부모─자녀관계는 부부관계보다 더 나빠질 수 있다. 자녀들은 부·모 모두를 신뢰하지 않게 된다. 식구들은 마치 모래알처럼 흩어져 어떤 연결도 없는 것처럼 보인다. 그러나 그들 간을 연결하는 것은 미움과 증오 감정이다. 이들의 분노는 반사회적 일탈행동으로 이끄는 경향이 다분히 있다. 따라서 요즈음 청소년들의 반사회적 일탈행동은 대칭적 부부관계의 산물일 수도 있을 것이다.

이런 극단적인 두 부류의 관계를 하고 있는 당사자들은 너무 괴롭고 힘들기 때문에 그들의 관계성에 문제가 있다는 것을 느낄 수는 있어도 너무 감정적인 상태에 빠져 이성적으로 다른 대안을 찾을 수가 없다. 그러나 어떤 계기로 그들 자녀의 문제를 해결하기 위해 가족상담 전문가를 만나는 기회가 생긴다면, 부부는 그들 각자의 미해결문제를 해소하려는 언어습관이 문제를 형성하고 있다는 사실을 자각하게 될 것이다. 만약 부부가 변화에 대한 [이차원적 시각](예를 들면, 문제로 인식되는 상대의 행동을 허용하거나 문제로 인식하지 않는 시각)과 차이를 허용하는 언어습관을 실천하게 된다면, 그래서 부부관계성이 개선되어 대등성 관계로 변화하고 일치형의 의사소통 자세와 언어습관을 실천하는 기적이 일어난다면, 부모-자녀관계의 문제는 저절로 해결되고, 역기능적 부부관계로 인한 상처들도 서서히 치유되면서 자녀들도 일치형의 언어습관으로 개선하여 갈 수 있게 될 것이다.

4. 형제관계의 문제

형제 혹은 남매가 자기주장을 강하게 하면서 다투고 있다. 이들은 처음 이렇게 싸우는 것이 아니라 자주 반복적으로 되풀이하고 있는 것이다. 부모가 이들의 싸움을 일차원적 방식으로 제지해 왔다. 즉, 이분법적인 시각으로 어떤 행동에 대해 그 반대성의 행동을 제시하는 방식이다. 이들의 싸움에 대해 부모는 [싸우고 있으면-싸우지 마라, 소리 지르면-조용히 해라, 욕하면-욕하지 마라, 울면-울지 마라]와 같이 제지하면서, [왜-질문]과 함께 심판을 하고 벌을 내리는 방식으로 금지해 온 것이다. 이 경우 형제 혹은 남매 간 반복적인 싸움과 부모의 반복적 제지가 상호 강화되어 온 것이다.

이와 같은 일차원적 방식과 제지하는 언어습관은 부부가 싸울 때도 똑같이 작용해 온 것이다. 부부생활에서 자기와 다른 배우자의 말이나 생각이나 가치나 신념 등에 대해 일차원적 언어습관으로 해결하려고 시도하고 있는 것이다. 이런 방식이 형제싸움에도 똑같이 작용되어, 문제를 해결하려는 시도들이 오히려 문제를 더 복잡하게 형성하는 결과를 낳고 있는 것이다. 따라서 형제관계 문제는 부부관계 문제가 원만하게 해결되는 방식으로 접근하여야 할 것이다.

부부가 지나친 상보성 관계를 하고 있거나, 지나친 대칭성 관계를 하고 있으면, 이들의 지배적인 언어습관이나 회유적인 언어습관을 자녀들도 자연스럽게 습득하여, 형제관계에서 그대로 적용하는 악순환이 발생할 것이다. 지나친 상보성 부부의 자녀들은 부모의 일차원적 상호작용과 지배하거나 회유하는 언어습관을 그대로 답습하여, 형제는 지배자와 복종자로 나누어지고, 지배자는 지배적 부 또는 모의 비난형의 언어습관을 그대로 사용하고, 복종자는 복종적 부 또는 모의 회유적인 언어습관을 그대로 사용한다. 따라서 언어습관에 따른 느낌과 감정을 그대로 경험하면서 생활하게 된다. 지배자인 형은 복종자인 동생을 일방적으로 비난하여 화를 주로 내고, 복종자인 동생은 회유하면서 화를 참거나 딴 곳으로 화를 분출하는 행동을 하여 형제 간에 정당한 주고받기가 불가능해진다. 형은 지나치게 동생의 행동을 간섭하며, 계속 부족한 점만 찾고 보게 되니 불만족스러우며, 동생은 갈수록 위축되어 정당한 자기주장을 하지 못하고, 대신에 반발하는 마음과 행동으로 불만을 표출하게 될 것이다.

지나친 대칭성 부부의 자녀들은 부모의 공격적이며 비난하는 언어습관을 그대로 답습하여, 형제는 서로 적대관계가 되기 쉬우며, 여기서는 양보와 타협이 없고, 끝없는 싸움으로 관계를 유지하는 생활을 하게 된다. 서로 정당한 주고받기가 일어나지 않으니 신뢰하는 관계를 발달시킬 수 없고, 형제관계에서 위로나 공감을 나눌 수 없다. 이들은 집안에서는 많은 욕구충족에 실패하기 때문에 집 밖으로 나가서 생활하는 시간이 많아지며, 거기서 양보하고 타협하는 친구관계를 하지 못하고, 서로 갈등하고 갈등을 만드는 생활을 하면서 지낸다. 원만한 욕구충족보다 갈등관계에서 오히려 만족하며, 일탈행동을 통해 희열을 추구하는 경향이 증대되어 간다. 이와 같이 가족갈등은 사회갈등으로 확산되어 가는 안타까움이 있다.

부부가 서로 차이를 존중하여 대등성 관계를 발달시키면서 생활을 하면, 형제관계도 서로 개성을 존중하는 대등성 관계를 발달시키게 된다. 이와 같은 대등성 관계는 부모가 동시에 혹은 부 또는 모가 이차원적 사고와 방식으로 차이를 허용하는 언어습관을 그들의 부부생활에서 먼저 실천하는 것이다. 이차원적 언어습관은 우선 양자택일적 사고방식에서 벗어나 싸우는 것과 싸우지 않는 것은 하나의 양면으로 둘이 순환하고 있다는 생각을 할 수 있어야 한다. 싸우는 것도 싸우지 않는 것도 정당한 사회적 기술로 볼 수 있어야 한다는 것이다. 만약 부모가 이런 사고의 전환을 생활화하는데 성공한다면, 그들 간의 차이나 이견은 문제로 보이지 않게 될 것이고, 형제문제도 같은 시각으로 바라볼 수 있게 될 것이다. 대등적 형제관계는 서로 선의의 경쟁을 하고, 정당한 자기 주장을 하고, 차이를 존중하여, 양보하고, 타협하는 이차원적 언어습관을 실천함으로써 자연스럽게 성공적인 사회적 기술들을 습득해 나가게 될 것이다.

부부가 서로 잘못된 일차원적 언어습관으로 야기되고 있는 역기능적 관계성을 자각하여, 이차원적이며 일치적인 언어습관을 습득하여 대등성 부부관계로의 변화가 일어나는 기적이 생긴다면, 형제관계의 의사소통도 이차원적이며 일치적인 언어습관으로 개선되어, 양보와 타협이 가능한 형제관계로 개선되어 갈 것이다. 형제관계에서 정당한 주고받기가 일어나게 된다면, 신뢰가 쌓이고 이해와 공감을 나누면서 선의의 경쟁을 실험하는 기회를 갖게 될 것이다. 이런 사회적 기술의 습득은 다른 대인관계로 확산되어 우리 사회전체로 정당한 경쟁이 일반화되어 갈 것이다.

5. 인간관계의 문제

인간은 생존에서, 안전, 소속, 자존, 자아실현까지의 대부분의 욕구는 인간관계를 통해 충족된다. 욕구의 원활한 혹은 원활하지 못한 충족과 이에 따른 느낌 및 감정의 충분한 혹은 충분하지 못한 해소는 전적으로 인간관계의 산물인 것이다. 대체로 인간관계는 얕게 넓게 하면서 사는 사람과 깊게 좁게 하면서 사는 사람의 두 부류로 나누어지는 것 같다. 전자의 유형은 얕게 혹은 가볍게 관계하는 문제가 있고, 후자의 유형은 의존적으로 혹은 좁게 관계하는 문제가 생길 수 있다. 따라서 이들은 인간관계를 통해 원활하지 못한 욕구 충족과 충분하지 못한 느낌 혹은 감정해소를 경험하면서 괴롭게 사는 사람들이다. 이렇게 보면 제3의 유형이라 부를 수 있는 진실하면서도(깊게) 차별을 두지 않는(넓게) 인간관계를 만들어 유지하고 발전시키는 기술이 절실히 필요한 것 같다.

인간관계의 유형은 저마다 습득하여 사용하는 언어습관과 밀접하게 연관된다. 사람은 누구나 살면서 충족시켜야 하는 욕구와 그 결과에 따라 해소해야 하는 느낌과 감정이 자연발생적으로 일어난다. 이런 과제들은 관심기울이고 들어 주는 사람이 있어야 하고, 그런 다음 [나─문장 말하기]를 통해 욕구나 느낌 및 감정을 충분히 표현해야 해결될 수 있는 것이다. 그런데 잘못 습득된 언어습관으로 [듣기]를 먼저 하지 못하며, 자기중심적으로 급하게 상대를 통제하거나 조종하려는 [너─문장 말하기]를 다투어 하는 생활을 하고 있다. 이런 연유로 우리 모두에게 기꺼이 [듣기]를 할 사람이 항상 부족한 것이다. 그래서 우리는 대인간 의사소통에서 [들어주기]를 먼저하고, 그 다음 [나─문장 말하기]를 하는 건강한 언어습관 만들기 운동을 전개할 필요가 있다고 생각한다.

이런 [주고-받기]의 문화와 언어습관을 처음으로 습득하는 곳은 가족이다. 건강한 가족은 비교적 [들어주기]를 일관되게 실천하는 생활을 한다. 결혼한 부부가 서로 상대를 존중하여 [들어주기]를 실천하는 부부생활을 하며, 그런 중에 자녀가 태어나 그들이 언어를 습득하기 전부터 [들어주기]를 하여, 그들이 언어를 습득한 뒤에도 부모가 일관되게 [들어주기]를 실천하여, 자녀들이 [들어주기] 언어습관을 자연스럽게 습득하게 되는 것이다. 그렇게 성장한 자녀들이 사회로 나가면 자연히 [들어주기] 언어습관을 실천하게 됨으로써 [말하기]를 먼저 하려는 많은 사람들에게 도움이 되는 인관관계를 발전시키게 되는 것이다.

이와 같이 건강한 개인은 건강한 가족에서 태어나 건강한 가족문화에 의해 길러지고, 이를 바탕으로 하여 이웃, 친구, 학교, 직장, 지역사회, 국가, 세계, 우주까지 [들어주기]를 먼저 실천하여 진지하면서도 넓은 인간관계를 발전시키게 되는 것이다. 그러니까 가족이 [들어주기] 언어습관으로 건강한 개인을 길러 사회로 내보내면, 건강한 개인들로 이루어진 사회가 [들어주기] 언어습관을 먼저 실천하여, 진지하고 넓은 인간관계 망이 형성되어 건강한 사회가 만들어지고, 나아가 많은 사람들이 자존감의 성취와 자기 실현적인 삶을 영위할 수 있게 된다는 것이다.

그러나 부모의 부부관계가 지나친 지배-복종의 상보성이며, 지배적인 남편(혹은 아내)이 분별, 평가, 판단하여 비난하는 [너-문장 말하기]만을 위주로 하고, 상대는 복종적 태도와 회유적인 언어습관으로 대응하는 가족생활이 계속된다면, 자녀들은 복종적인 부 혹은 모와 동맹을 맺게 되어 복종적인 인간관계 태도와 회유적인 언어습관을 그대로 습득하게 되며, 이에 따라 그들의 대인관계의 폭은 좁아지고 의존적으로 되는 경향이 있는 것 같다. 따라서 회유적인 언어습관은 대인관계에서 불안과 두려움을 더 많이 경험하게 만들어 관계의 폭이 제한적이며 의존적으로 될 수밖에 없으며, 정당한 자기 주장을 하지 못해 수동적인 인간관계를 유지하면서 살게 될 가능성이 높은 것이다.

그들은 인간관계를 통한 욕구충족, 느낌·감정의 표현을 잘 하지 못하고, 실망과 분노를 참으면서 힘든 삶을 살게 된다. 주변 환경에 대해 그리고 타인에 대해 반대하지 못하고, 의존적으로 끌려가기만 하고, 주도적이지 못한 자기 자신을 원망하고, 자기 자신에게 실망하고, 나아가 세상일에 대해 절망과 함께 우연히 이루어질까 말까 한 ["어떻게 되겠지!"]를 반복적으로 뇌는 가느다란 희망에 의지하면서 고달프게 살아가게 되는 것이다. 이들은 세상은 두렵고, 타인은 무섭고, 미래는 불안하며, 거기에 던져진 자기를 안타깝게도 쉽게 포기하는 삶을 살아가는 사람들이다.

지나친 지배 — 지배의 대칭성 부부관계의 자녀들은 지배적이고 공격적인 부모의 언어습관을 그대로 답습하게 된다. 이들은 [들어주기]를 아예 할 생각을 내지 못할 뿐만 아니라, 그들의 인간관계의 폭은 상대적으로 넓을 수 있으나, 그 질에서 진실성이 결여되는 문제가 생길 수 있다. 그들은 오직 이기기 위해서 싸우는 것을 즐길 수 있는 사람들이다. 나아가 상대가 공격을 받아 쓰러지고 아파하는 것을 보고 희열을 느낄 수 있는 사람들이다. 이런 성향은 부모의 부부생활에서 습득된 비난적인 언어습관으로 습득된 것이다. 이들은 세상을 두려워하지 않고 상대를 무시할 수 있으며, 미래에 희망을 두지 않는 삶의 태도를 지니게 될 수도 있다. 그래서 어떤 인간관계도 일방적 욕구충족을 지향하여 지속적인 친밀성이나 신뢰성을 유지할 수가 없다.

우리 사회는 지나친 상보성이나 지나친 대칭성의 언어습관에 의지하며 사는 사람들보다 상보성에 약간 기울어진 사람들과 대칭성에 약간 기울어진 사람들로 어울려져 유지되고 있는 것 같다. 약간 복종적인 다수의 사람들과 약간 지배적인 소수의 사람들이 서로의 약점을 보완하면서 균형을 이루고 있는 것처럼 보인다. 즉, 약간 복종적인 성향의 사람들은 어떤 집단에 속해 있던 거기에서 구심력을 발휘하는 역할을 하고, 약간 지배적인 성향의 사람들은 거기에서 원심력을 발휘하는 역할을 함으로써 전체적으로 균형과 조화를 이루고 있는 것처럼 보인다는 것이다.

그러나 복종적인 성향의 사람들은 사회나 집단 속에서 자기를 지나치게 억제하고, 억제한 것만큼 해결될 수도 없는 문제를 점점 더 많이 만들고, 그만큼 생각을 많이 하게 되어, 자기에게 과도하게 스트레스를 주고 있는 지배적인 사람들을 많이 원망하면서 신체적으로 소화불량 증상과 함께 심리적으로 괴롭고 힘들게 살아가게 된다. 그리고 지배적인 성향의 사람들은 자기가 속해 있는 집단 속에서 의존적이며 복종적인 사람들에게 허점이나 잘못된 곳을 끊임없이 찾아서 평가·판단, 충고·조언하면서 불만을 표출하고, 해결될 수 없는 문제를 두고 심리적으로 울분을 참지 못하면서 신체적으로 고혈압과 같은 순환기 증상을 지닌 체 역시 괴롭고 힘들게 살아가게 되는 것 같다.

바람직한 인간관계는 욕구나 감정이 충분히 해소되게 돕는 [듣기]와 욕구나 감정이 충분히 해소되도록 [말하기]를 통해 감정보다 이성적으로 이해하고, 공감을 나누고, 차이를 존중하고, 기꺼이 양보하는 타협을 통해 관계할 수 있을 때 가능해진다. 여기에 훈련을 통해 일치적인 의사소통의 언어습관을 습득하는 노력을 하여야 할 것이다. 상대의 욕구, 느낌, 감정을 그의 입장이 되어보면서 [들어주기]를 하여 해소하도록 돕고, 상대의 [나-문장 말하기]가 충분히 끝난 다음, 자기의 욕구, 느낌, 감정을 기꺼이 [들어주기]를 하는 상대에게 [나-문장 말하기]를 하여 해소하는 것을 서로 교대한다면, 이해, 공감, 신뢰, 만족, 기쁨, 희망이 양편 모두 경험될 수 있는 [대등적 관계]를 발달시킬 수 있고, 인간관계의 제3의 유형을 성공적으로 발전시켜서 심리적으로 안정되고, 신체적으로 고혈압도 없고 소화도 잘 되어 결과적으로 즐겁고 행복한 삶을 살아가는 생활이 가능해질 것이다.

6. 신체건강의 문제

　일상적으로 사용하는 언어습관이 자기의 신체건강에 직접적인 영향을 미치고 있다는 사실을 알고 있는 사람은 드문 것 같다. 그러나 늦게 귀가하는 자녀에게 "왜 늦었니?"라고 질문하고, 이 질문을 자주 받은 자녀가 미리 준비한 핑계를 대거나 거짓말로 대답을 하여, 이런 핑계나 거짓말을 자주 들은 부모가 "거짓말 하지 마."라고 언성을 높이게 되면, 점점 화가 나고, 심장박동이 증가하고, 호흡이 빨라지며, 얼굴을 비롯하여 온 몸의 근육이 긴장되는 것을 경험적으로 알고 있는 사람은 많을 것이다. 그러나 [왜 질문]을 하고 추궁하고 분별하고 평가·판단하여 비난·처벌하는 언어습관이 이런 신체반응을 즉각적으로 불러일으킨다는 사실을 자각하여 반성하고 다른 언어습관으로 개선하려는 사람들은 많지 않은 것 같다.

　우리 인간의 신체내부를 개략적으로 보면, 소화기관들과 순환기관들로 대별되며, 소화기관들이 만든 에너지를 순환기관들이 사용하여 생명을 유지하고 발달시키는 구조로 되어 있다. 신체외부 환경의 변화에 즉각적으로 그리고 효율적으로 대처하는 자율신경계의 흥분 혹은 억제기제가 소화기관의 에너지 생산활동과 순환기관들의 에너지 사용활동을 자율적으로 조절하도록 하고 있는 것이다. 자율신경계는 우리의 신체가 생명유지에 위협이 되는 상황에 즉각적으로 반응하기 위해 즉시 불안, 공포, 분노, 열등감, 슬픔, 초조, 긴장의 느낌과 감정을 불러일으켜 교감신경을 자극하며 에너지를 사용하는 순환기관들을 흥분상태로 만드는 동시에 부교감신경은 에너지 집중을 위해 소화기관들은 억제상태로 만드는 자율적 기제로 위기를 즉각적으로 그리고 효율적으로 대처하도록 기능한다.

그런데 우리 인간은 과거경험 중 미해결문제는 기억하며 생각을 그만큼 많이 하게 만들어 과거 – 현재 – 미래의 연속선상에서 현재에 존재하지도 않는 위기상황을 만들어 내고, 불안, 공포, 분노, 열등감, 슬픔, 초조, 긴장 등을 느끼게 하여 교감신경을 자주 흥분시키게 되는 일이 생길 수 있다. 이때마다 순환기관들은 위기대처활동을 할 것이고, 부교감신경은 억제되어 소화기관들을 비활동 상태로 만들 것이다. 이 과정을 살펴보면, 우리들이 일상적으로 사용하는 분별하여 평가하고 판단하는 언어습관이 미해결문제를 만들고 생각을 많이 하게 만들며, 우리 대부분은 어리석게도 이런 방식으로 순환기관들은 과도하게 사용하고 소화기관들은 제 기능을 다하지 못하게 만들고 있는 것 같다.

반복적으로 사용되는 잘못된 언어습관은 이와 같은 방식으로 신체의 생리적 불균형을 초래하고 있는 것이다. 주체로서 [나]는 객체로서 [너]를 위기로부터 예방한다는 생각으로 통제하거나 조종하려는 언어습관을 사용할 수밖에 없으며, 결과적으로 우리는 분노, 불안, 공포 등의 감정을 자주 불러일으키고 있는 것이다. 이때 자율신경계가 신체기관에 미치는 영향을 구체적으로 살펴보면, 교감신경이 흥분되면 에너지를 사용하는 폐, 심장, 혈관, 근육, 동공 등의 순환기관들을 활성화시키는 동시에 부교감신경은 억제되어 침샘, 식도, 위, 장, 신장, 간, 취장 등의 에너지를 만드는 소화기관들은 비활성화 상태에 놓이게 되는 것이다.

문제는 우리들이 잘못된 언어습관으로 존재하지도 않는 위기를 생각하고 상상하며, 관념, 기억, 상상, 신념, 가치 등으로 분별하여 평가·판단하도록 만들어, 결과적으로 지나치게 순환기관들을 활성화 상태에 머물게 하는 것이다. 그러면 교감신경의 흥분으로 순환기관들이 쉬지 않고 활성화 상태에 놓이게 됨으로써 신체에너지가 소진되어 쉽게 피로감을 느끼고, 불안정한 신체로 심리적 불안정(긴장, 초조, 불안, 두려움, 실망, 좌절, 분노, 슬픔 등)이 나타나고, 이성적으로 조절할 수 없는 상태까지 발전하게 된다. 이와 더불어 억제상태의 부교감신경과 연결된 소화기관들은 비활성화 되어 에너지를 생산하지 못하게 됨으로써 에너지 고갈상태를 겪게 될 것이다. 이런 신체 상태에 반복적으로 혹은 지속적으로 있게 되면, 순환기관들은 과도한 활동으로 혈압이 높아지거나, 혈관의 유연성이 떨어지거나, 근육과 관절이 경직되는 등 마모되어 가고, 소화기관들은 스트레스로 인한 지속적인 비활성화로 위산이나 인슐린의 비정상적인 분비로 위장과 신장에 손상을 야기하는 등의 신체적 불균형이 초래될 수 있을 것이다.

많은 사람들은 잘못된 언어습관이 자신의 신체적 불균형과 질환에 직결되어 있다는 사실을 인식하지 못하고 있거나 간과하고 있는 것 같다. 잘못된 언어습관으로 우리들 중 적지 않은 사람들이 감정적으로 행동하거나 감정들을 지나치게 억압하면서 힘든 삶을 살아가고 있는 것 같다. 감정적으로 말하고 행동하는 경향은 이성의 활동을 그만큼 마비시킴으로써 자율신경계의 안정을 통한 신체적인 안정을 이성적으로 도모할 수가 없게된 것이다. 화가 지나치게 나게 만들거나 화를 지나치게 참게 만드는 인과적·통제적 [너–문장 말하기] 언어습관을 바꾸지 않는 한 신체적 안녕을 영원히 기대할 수 없을 것이다.

감정과 이성의 균형이 유지되며, 이성적으로 감정을 솔직하게 표현하여 해소하고, 나아가 상대의 감정을 이성적으로 경청하여 표현하도록 돕는 언어습관으로 개선하는 것이 우리 모두 건강한 삶을 위해 노력해 나가야 할 방향인 것으로 보인다. 이는 통제나 조종을 목적으로 하는 언어습관에서 욕구, 느낌, 감정을 솔직하게 표현하여 충족 혹은 해소하는 언어습관으로 개선하는 것이다. 이런 언어습관만이 자율신경계의 자연스런 균형과 조화를 만들고, 이를 통해 순환기관과 소화기관의 균형과 조화가 유지되는 신체적 건강을 만들어 갈 수 있도록 도울 것이다.

7. 심리건강의 문제

생각을 지나치게 많이 하게 되는 사람은 심리적으로 건강한 생활을 할 수가 없다. 이런 사람들은 비교하는 마음에서 분별을 많이 하고, 평가하여 판단하는 언어습관을 지닌다. 그래서 욕심이 많고, 따라서 미해결문제가 많으며, 생각할 일이 많게 되며, [너−문장 말하기]를 많이 하게 되며, 그만큼 실망과 좌절을 많이 하면서 괴롭고 힘들게 살게 되는 것이다. 반면에 비교하는 마음을 상대적으로 적게 가지고, 욕심 부리지 않기 때문에 가벼운 욕구들이 원활하게 충족되고, 그래서 에너지가 항상 넘치며, 해소해야 할 다급한 느낌이나 감정이 없기 때문에 [말하기]보다 [듣기]를 더 많이 하고, 가끔 못마땅하거나 짜증이 나면 [나−문장 말하기]로 직접적으로 표현하는 생활을 하고 있는 사람들이 있는데, 이들은 심리적으로 건강한 사람들이다.

그런데 생각이 지나치게 많은 사람은 자기의 철학, 가치, 신념이 강하여 관념 속에서 자기와 다른 사람은 자기와 같게 만들어야 한다고 생각한다. 이들은 끊임없이 비교하고, 분별하고, 평가·판단하는 [너−문장 말하기]를 하지 않고는 참지 못하는 사람들이다. 이런 통제하고 제한하는 [너−문장 말하기] 언어습관은 필연적으로 상대의 반발을 불러일으키기 때문에 화가 많이 나고, 실망하여 더 강한 [너−문장 말하기]를 하게 되며, 이로 말미암아 미해결문제를 많이 만들고, 갈수록 생각을 많이 하게 되는 것이다. 앞에서도 여러 차례 언급하였듯이 잘못된 언어습관은 신체적 건강을 해칠 뿐만 아니라 심리적 건강도 해친다. 신체적 이완과 심리적 안녕은 유기적으로 연결되어 있기 때문이다.

일반적으로 살펴보면, 생존과 안전에 대한 욕심이 가장 강렬하고, 그 다음 소속과 인정의 욕심이 있고, 자기 존재를 과시하는 권력과 명예를 대상으로 하는 욕심과 재산에 대한 욕심이 있다. 이들 욕심은 일시적으로 충족되어 만족과 행복감에 젖을 수도 있다. 그러나 욕심은 비교하는 마음 때문에 완전한 만족은 없는데도, 좌절과 절망이 올 때까지 포기하지 못한다. 더 많이 가져야 하고, 더 성공해야 하고, 더 높은 지위를 가져야 하고, 자식들은 더 잘 공부하게 만들어 더 좋은 대학에 보내야 하고, 경쟁에서는 반드시 이겨야 한다고, 그래야 행복한 삶을 살 수 있다고 생각한다.

심리적 안녕은 인간의 어리석음으로 인한 끝없는 욕심을 버릴 때 가능해질 수 있는 것이다. 그러나 우리들 중 적지 않은 사람들이 욕심을 채우려고, 실패로 인한 분노 때문에 [너 ‑ 문장 말하기]를 멈추지 못한다. 이들은 실패에 대한 생각을 많이 하고, 실패를 만회하려고 계획을 세우고, 끊임없이 상대나 상황을 분석하여 분별하고, 자기를 정당화시키는 신념이나 가치를 강화시키고, 이를 통해 일방적인 평가와 판단을 한 다음, 다시 공격을 시도한다. 그래서 이들의 마음은 쉴 날이 없는 것이다. 이들은 생각을 너무 많이 하여 마음이 편할 날이 없다. 생각하면서 화가 나고, 그런 자신을 정당화시키는 관념들("사람은 믿을 수 없다.", "여자는 나약하다.", "좋은 평가를 받으려면, 실수를 하지 말아야 한다." "싸움은 반드시 이겨야 한다." 등)을 만들어 내고, 결국 상대를 공격하기 위해 만든 관념들에 의해 자기가 공격을 받아 고독하고 힘들게 살아갈 수도 있다.

문제는 이런 삶의 방식을 자각하여 바꾸기가 쉽지 않다는 것이다. 살아갈수록 미해결문제는 많아지고, 그만큼 생각할 일이 많아져서 다른 방향을 생각할 겨를이 없게 된 것이다. 만약 다른 방향을 찾지 못한다면, 마음이 지치고 몸도 지치면서, 몸과 마음이 악순환하여 점점 더 힘들고 고독한 삶을 살아가게 될 수도 있을 것이다. 타인이나 사회나 환경을 원망하는 사람은 안타깝게도 [자기 상실]로 이어지는 삶을 살 수밖에 없을 것이다.

이들은 이럴 만한 까닭이나 이유가 있어서가 아니라, 공격적인 [너 ‑

문장 말하기] 언어습관을 가진 부모에게 태어나 그런 언어습관에 익숙해진 것뿐이다. 욕심, 분노, 증오, 슬픔, 불안, 공포, 열등감, 후회, 보복, 좌절, 절망 등의 부적 감정들은 사랑, 연민, 공감, 신뢰, 양보, 이해, 협력, 나눔, 희망 등의 정적 감정과 똑같이 중요한 의미를 갖는다. 둘 모두 에너지로 작용한다는 점에서 같고, 둘 모두 한 사람의 내면에 똑같이 존재하고 있다는 점에서 경중을 따질 성질의 것이 아니다. 둘은 하나의 양면이기 때문이다. 부적 감정들은 구심력으로 작용하고, 정적 감정들은 원심력으로 작용한다는 점에서 이런 자연의 이치를 활용할 수 있어야 할 것이다.

　그러나 우리들 중 많은 사람들이 살아가는 과정에 부적 감정들을 더 많이 경험하고 있는 것 같고, 소수의 사람들이 정적 감정들을 더 많이 경험하면서 살고 있는 것처럼 보인다. 부적 감정들을 더 많이 경험하는 사람들은 통제하거나 조종할 수 없는 것을 통제하거나 조종하는 [너-문장 말하기]에 의존하는 사람이고, 소수의 사람들은 세상에 존재하는 모든 것은 유기적으로 연결되어 있어 통제하거나 조종되는 것이 아니라 자연의 이치에 따라 작용하고 있다는 것을 알기 때문에 조종이나 통제의 의사를 지니지 않은 사람이다.

　후자의 사람들은 상대나 자연의 움직임을 있는 그대로 받아들이고, 허용하며, 나와의 연결을 믿으며 생활한다. 그래서 [말하기]보다 [듣기]를 먼저 하는 자세를 실천한다. 상대가 말하거나 행동을 하거나 표정을 짓고 있을 때, 그의 내면에 흐르고 있는 느낌, 욕구, 감정을 보고, 거기에 관심을 가지고 ["─군요"] 혹은 ["─구나"]로 [듣기]를 먼저 하여, 상대로 하여금 [나-문장 말하기]로 그의 느낌, 욕구, 감정을 충족하거나 해소하도록 돕는다. 그런 다음 자기의 느낌, 욕구, 감정을 [나-문장 말하기]로 표현하여 해소 혹은 충족시킨다.

　그런데 전자의 사람들은 상대나 자연을 통제 혹은 조종할 수 있다는 잘못된 인식과 신념을 지니고 있어, 통제나 조종이 마음대로 되지 않으니 부적 감정들을 많이 경험하게 되는 것이다. 자기가 말한 대로 상대가 반응해 주지 않으니 화가 나고, 더 강하게 말해도 그만큼 강하게 반발할 뿐만 아니라 우울, 불안, 공포, 열등감 등의 증상으로 대항하니 더욱 화가 나면서 절망과 좌절에 빠지게 되는 것이다.

그러나 자신의 통제 혹은 조종의 의사가 성공할 수 없다는 것을 자각하고, 다른 방향으로 전환하려는 결심을 하는 계기가 생겨, 하나씩 실천할 수 있다면, 심리적 건강을 회복할 수 있는 길이 열릴 것이다. 그것은 언어습관 바꾸기부터 실천하는 것이다. 가장 가까운 사람들이 있는 가족 생활에서 ["—군요"] 혹은 ["—구나"]로 [듣기]를 먼저 실천해 보는 것이다. 그러면 상대는 허용받고 존중받고 있다는 경험을 하게 될 것이고, 상대의 통제 의사를 이해하려는 움직임이 저절로 일어나는 것을 발견할 수 있게 될 것이다. 그래서 [나]와 [너]가 신뢰와 친밀성으로 연결되어 있다는 것을 경험할 수 있는 기쁨을 누리게 될 것이다.

PART 4

언어습관 바꾸기

PART 4 언어습관 바꾸기

자기 나이만큼 역사가 있는 언어습관을 바꾸기가 쉽지 않다는 것을 안다. 그래서 언어가 관여하는 영역별로 그 습관을 개선하는 구체적인 방법들을 설명하려고 노력하였다.

1. 듣기습관 바꾸기
2. 말하기습관 바꾸기
3. 맥락 바꾸기
4. 안경 바꾸기
5. 관계 바꾸기
6. 신체건강 바꾸기
7. 심리건강 바꾸기
8. 인생 바꾸기
9. 사/생관 바꾸기

1. 듣기습관 바꾸기

듣기습관을 바꾸려면 자신의 언어생활을 솔직하게 반성해 보는 일부터 시작하여야 할 것이다. 평소 전반적인 인간관계 상황에서 [듣기]를 더 많이 하는 편인지, 아니면 [말하기]를 더 많이 하는 편인지, 듣기를 더 많이 하는 편이라면, 편하게 듣기를 하는 편인지, 아니면 불편하게 듣는 편인지 살펴보는 것이다. 편하게 듣는 사람은 말하고 있는 사람의 말하는 내용이면에 흐르고 있는 느낌이나 감정을 공감하면서 듣는 사람이고, 불편하게 듣는 사람은 듣고 있는 내용에만 초점을 맞추어 분별하여 평가하고 판단하면서 듣는 사람이다. 분별하여 평가하자니 힘들며, 그리고 판단하게 되니 짜증이 나고, 말하는 내용과 그 사람을 동일시하게 되니 불편하게 되는 것이다. 이런 결과는 듣기습관의 차이에서 오는 것이다.

듣기습관의 이런 차이는 저마다의 삶에 커다란 영향을 미치고 있다. 불편하게 듣기를 하는 사람은 그 사람의 삶의 전 과정에서 불편한 일이 많이 생기고, 그 불편이 어디에서 오고 있는지 모르고 있으니 평생을 힘들게 살게 되는 것이다. 불편하게 듣기를 하는 사람은 자기의 가치나 신념이 확고하여, 그 기준에 따라 상대를 분별하고, 평가하여 판단하며, 자기 기준에 맞게 상대를 변화시켜야 한다고 생각하고 있다. 문제는 상대가 변화를 거부하거나 오히려 반발하는 반응을 보이니 짜증이 나고 화가 나게 되는 것이다. 반면에 편하게 듣기를 하는 사람은 세상에 자기와 같은 기준을 가지고 사는 사람은 있을 수 없다고 생각하기 때문에 그 차이를 존중하여 말하고 있는 사람의 입장이 되어 듣기를 하게 되니 공감할 수 있고, 편하게 말이 끝날 때까지 들을 수 있게 되는 것이다.

듣기습관 바꾸기는 생각보다 쉽지 않다. 듣기습관은 어릴 때부터 꾸준하게 습득되어 온 습관이기 때문이다. 대체로 우리 대부분은 어릴 때 상대가 말하면 동의하거나 복종하는 듣기("예", "아니오", "알았습니다", "모르겠습니다", "좋습니다", "싫습니다" 등)를 강요당해 왔다. 이는 우리나라의 전통적인 가부장적인 수직적 질서로 인해 지금도 부모가 자녀에게, 교사가 학생에게, 상사가 부하에게, 윗사람이 아랫사람에게 금지, 제한, 지시, 명령, 충고, 조언, 설득, 평가, 판단 등의 작용하는 말하기를 해오고 있고, 이에 반작용하는 과정에서 마지못해 복종하는 습관으로 습득되어 온 것이다.

어쩌면 듣기습관 바꾸기는 부모, 교사, 상사, 윗사람이 먼저 시도해야 하는 절차일지도 모른다. [윗물이 고아야 아랫물이 곱다]는 자연의 이치에 따른 것이다. 부모, 교사, 상사, 윗사람의 듣기습관이 바뀌면, 자녀, 학생, 부하, 아랫사람에게 순조롭게 전달되어 사회전반으로 확산될 수도 있을 것이다. 그러려면 부모, 교사, 상사, 윗사람은 관계의 현실을 파악하는 인식의 전환부터 시도해야 할 것이다. 그것은 이 세상에 존재하는 모든 것은 직·간접으로, 그리고 유기적으로 연결되어 있다는 사실을 받아들이는 노력을 하면서 듣기습관 바꾸기를 실천하고, 그 효율성을 직접 경험해야 성취될 수 있을 것 같다.

이를 위해 함께 노력해야 할 것은 기존의 인과적 인식의 허상과 통제의 신화에서 벗어나는 작업부터 하여야 한다. 그동안 우리는 모든 관계상황에서 인과적 인식의 허상과 통제의 신화의 잘못됨을 경험적으로 알아왔다. 그것은 관계상황 속에서 증대되어 가기만 하고 있는 분노, 실망, 불안, 공포, 증오, 보복, 오해, 불신, 갈등, 절망, 좌절, 우울, 정신분열, 살인, 자살 등의 현상들이 증명하고 있다. 통제를 강화하는 것은 문제를 해결하는 것이 아니라 문제를 더 악화시켜가고 있는 것이 분명하다. 연결 속에서 욱하고 내민 통제의 칼날은 곧 비수가 되어 자기를 향해 오게 되는 [자연의 이치]를 우리 모두 함께 자각해야 할 시점에 온 것 같다.

함께하는 이런 노력이 있을 때, 우리는 진정 할 말이 많은 상대에게 말할 수 있게 진정한 관심을 기울이고 듣기를 먼저 할 수 있을 것이다. 우리 모두 이것만 실천해도 불신과 증오로 끊어진 연결을 신뢰와 존중으로 다시 이어갈 수 있을 것이다. 진정으로 상대를 존중하는 듣기습관 하나로 부부 간 연결이 회복될 것이고, 부모−자녀 간 연결이 이어질 것이고, 형제 간 연결이 이어질 것이고, 상사와 부하 간 신뢰가 회복될 것이고, 윗사람과 아랫사람 간 신뢰가 쌓일 것이고, 인간과 자연 간 아름다운 연결이 회복될 수 있을 것이다.

듣기의 핵심은 상대로 하여금 자신의 욕구, 느낌, 감정을 분명하게 표현할 수 있도록 돕는 것이다. 앞에서 반복적으로 강조한 [나-문장 말하기]로 자신의 욕구, 느낌, 감정을 표현할 수 있게 하여, 욕구가 충족될 수 있는 길이 생기고, 희망뿐만 아니라, 본의 아니게 발생한 부적 느낌들과 미해결문제로 인한 묵은 감정들을 해소할 수 있게 되는 것이다. 욕구가 충족되고, 느낌과 감정이 해소된 상대는 너무 감사해서 나의 욕구, 느낌, 감정에 관심을 기울이고, 나와 똑같이 듣기를 실천할 것이다. 그러면 두 사람 관계에서 정당한 주고받기가 일어나 고마움, 이해, 공감 등을 나누고, 연결을 굳건히 해 가는 신뢰가 더욱 두텁게 쌓여 갈 것이다.

바른 듣기습관을 만들어가는 절차는 첫째로, 관계의 상대에게 관심을 기울이는 것이다. 있는 그대로의 상대를 허용하면서, 하고 싶은 말이 무엇인지 주의를 집중하는 것이다. 구체적으로 그와 시선을 교환하면서, 표정을 살피고, 목소리의 톤에 주의를 기울이면서, 자세나 동작을 눈으로 확인하는 것이다. 상대의 비언어적 행동에 그의 의사가 담겨 있기 때문이다.

둘째로, 말하는 내용에 귀가 주의를 기울이는 것이다. 여기서는 그의 시선, 표정, 목소리, 자세와 동작에 담겨 있는 의사와 말하는 내용이 일치하고 있는지 살피는 것이다. 그의 의사에 담겨 있는 욕구, 느낌, 감정을 일치되게 표현하고 있으면, ["―군요"] 혹은 ["―구나"]로 반응하면 된다. 그러면 상대는 정직한 표현으로 그의 욕구, 느낌, 감정을 해소하는 경험을 할 수 있게 될 것이다.

셋째로, 시선, 표정, 목소리, 자세와 동작에서 확인한 의사와 말하는 내용이 일치하지 않는 경우는 그 사실을 그대로 반영하여 의사를 확인하는 것이다. 의사를 직접적으로 표현하는 훈련이 되어 있지 않은 사람은 의사와 반대로 회유하는 반응을 할 수 있기 때문이다. 의사확인을 통해 진실을 소통하는 길이 열리게 된다.

의사소통에서 무엇보다 중요한 것은 서로 진실을 소통하는 것이다.

진실을 소통하는 것만이 이해, 공감, 신뢰, 존중, 감사 등을 경험할 수 있게 한다. 관계당사자들 간 이런 소통이 연결을 굳건히 할 수 있고, 그 연결을 통해 차이를 극복할 수 있고, 합의와 상호협력이 가능하게 될 것이다. 이런 듣기습관을 실천하면서 연결을 경험하고, 그런 연결을 통해 세상을 바라보는 순환적 시각을 지닐 수 있게 될 것이다. 이것이 듣기습관 바꾸기와 인식의 전환과 협력하여 세상을 구심력과 원심력의 균형과 조화로 바라볼 수 있게 도울 것이다. 연결을 굳건히 하는 시각만이 이 세상의 아름다움을 바라볼 수 있게 하고, 세상의 아름다움에 맞추어 함께 춤을 즐길 수 있게 도울 것이다.

2. 말하기습관 바꾸기

만약 전반적인 관계상황에서 [말하기]를 더 많이 하는 편이라면, 말하기의 문장이 2인칭 혹은 3인칭 문장인지, 아니면 1인칭 문장인지 살펴보아야 할 것이다. 2인칭 혹은 3인칭 문장의 말하기는 모두가 분별하여 평가·판단하고, 결과적으로 상대나 세상에서 일어나는 일을 비난하는 말하기습관을 지니고 사는 사람이다. 이런 사람은 아마 가족에서도 식구들의 행동을 제한하거나 금지하거나 명령하거나 경고하거나 위협하는 말을 많이 할 것이고, 동료나 그 밖의 사적인 대인관계에서도 주로 평가·판단하는 말을 할 것이고, 공식석상에서나 공적인 대인관계에서도 자기와 다른 의견에 대해서 분석·판단하여 비판하는 말하기를 위주로 할 것이다.

이런 말하기습관을 지닌 사람들은 말하면서도 화가 많이 나고, 목소리가 점점 커지고, 말이 점점 빨라지고, 호흡이 갈수록 빨라지고, 심장박동이 증가하고, 온몸의 근육, 특히 목과 어깨 주위의 근육이 긴장되어 가는 것을 자주 경험하게 될 것이다. 이런 사람들은 말하기의 목적에서부터 커다란 착각을 하고 있음이 분명하다. 말하는 목적이 욕구, 느낌, 감정의 충족이나 해소에 있는 것은 맞는데, 이런 사람들은 상대를 변화시켜서 자기의 욕구, 느낌, 감정을 충족시키거나 해소시키려고 시도하고 있는 것이다. 이런 시도는 [작용-반작용]의 자연의 이치를 역행하기 때문에 필패하는 경험을 되풀이하게 되는 것이다. 이런 말하기 작용에 대해 상대는 분노를 숨긴 체 반발하기 때문에 장기적으로는 말하기의 효과가 없는 것을 확인하게 되고 더욱 좌절하고 절망하는 삶을 살게 되는 것이다.

말하기의 목적이 욕구, 느낌, 감정의 충족 혹은 해소에 있다면, 말하기는 마땅히 1인칭 문장으로 하여야 할 것이다. 거기에는 상대를 분별하거나 평가하거나 판단하거나 비난하거나 경고하거나 위협하는 의사를 담을 수 없기 때문이다. 1인칭 문장으로 정확하게 자기 내면에서 일어난 불안정을 직접적으로 표현하게 되면, 이미 반 정도는 해소되었을 것이고, 나머지 반 정도는 상대의 공감, 이해, 신뢰의 반응에 따라 해소되어 안정을 회복하게 될 것이다. 그래서 말하기습관은 [2인칭 혹은 3인칭 문장 말하기]로부터 [1인칭 문장 말하기]로 개선하여 가야 할 것이다.

우리 대부분이 습득하여 이미 지니고 있는 말하기 습관은 2인칭 문장의 [너-문장 말하기]이다. 인과적 인식과 통제의 신화에서 비롯된 언어습관으로 그 부작용은 앞에서 충분히 지적한 바 있다. [나]도 화가 나고, [너]도 화가 나며, 의심과 미움으로 연결된 관계를 신뢰와 고마움의 관계로 복원하려면, 우리는 1인칭 문장의 [나-문장 말하기]로 서로 진실을 소통할 수 있는 언어습관으로 개선하여 가야 한다. [너-문장 말하기]는 표현방식을 어떻게 빌리든, 거기에는 평가와 비난의 의사를 담고 있다. 거기에는 화자의 욕구, 느낌, 감정의 의사를 담고 있지 않다. 다만 표정과 어조로 불만족 상태임을 짐작하게 할 뿐이다.

[너-문장 말하기]는 자기의 약점을 감추고, 강자로서 상대를 통제하려는 의사만 지니고 있다. 문제는 이렇게 말하는 순간 화자는 화가 나

고, 심장박동이 점점 증가하고, 동공은 확장되어 가며, 온 몸의 근육은 긴장되어 가는 자율신경계의 활동을 간과하고 있다는 점이다. 청자는 [작용 – 반작용의 법칙]에 따라 반작용과 반발을 은근히 나타내고 있으니, 화자는 말하는 동안에도 이런 상대의 태도를 감지하게 되어 교감신경의 흥분 강도는 점점 높아져 가고 화도 증대되어 갈 뿐이다. 따라서 통제의 효과는 제로이다.

[나 – 문장 말하기]는 나의 욕구, 느낌, 감정의 충족 혹은 해소가 무엇보다 중요하다는 의미를 담고 있다. 이것은 너를 허용하고, 동시에 존중하기 위한 필수적인 단계이기도 하다. 나의 문제가 해소되지 않고는 너를 이해하거나 공감할 수 없다는 것을 알고 있기 때문이다. 이것은 너를 받아들일 수 있는 에너지를 갖기 위함이다. 너를 만났을 때, 그런 에너지가 있다면, 물론 너에게 집중하여 관심을 기울이고 경청하였을 것이다.

[나 – 문장 말하기]와 [경청]은 짝이다. 이것은 [너 – 문장 말하기]와 [반발]이 짝인 것과 같은 이치이다. 어떤 경우에도 내가 [나 – 문장 말하기]로 진실한 의사(욕구, 느낌, 감정)를 전달하면 상대는 경청할 수밖에 없고, 또 내가 경청하면 상대는 [나 – 문장 말하기]로 대응할 수밖에 없다는 것이다. 진실한 의사소통이 있는 관계에서만 이해, 공감, 신뢰, 만족, 즐거움, 기쁨, 희망이 교환될 수 있는 것이다. 이와 같이 정당한 주고받기가 있는 관계만이 신뢰를 바탕으로 한 튼튼한 연결이 가능해진다.

[나 – 문장 말하기]로 말하기습관을 바꾸려면 첫째로, 나의 의사(욕구, 느낌, 감정)를 정직하게 담은 언어적 메시지를 [1인칭 문장]으로 만드는 것이다. 이것은 통제의 의사가 없다는 의미이기도 하다. 거기에는 상대를 분별하거나 평가하거나 판단하는 메시지가 담겨 있지 않다. 그래서 상대는 필요 이상의 긴장 없이 듣기에 집중할 수 있는 것이다.

둘째로, 상대와 시선을 부드럽게 교환하는 것이다. 거기에서 상대가 듣기에 집중할 수 있는 에너지가 있는지 확인할 수 있다. 만약 상대가 다급하게 처리해야 과제가 있다고 여겨지면, 말하기를 중단하고 바로 듣기로 전환하여 상대의 의사를 확인하고, 그것을 우선적으로 해결할 수 있도록 [경청]하여 도와야 할 것이다.

셋째로, 부드러우며 분명한 어조로 [나–문장 말하기]를 시작한다. 이때 상대는 경청하면서 알아듣고 있다는 신체적·음성적 반응을 보일 것이다. 이 과정에 화자의 내면에서 묵은 감정과 답답했던 느낌이 해소되는 후련함이 경험되면서, 욕구충족의 희망과 안도가 새롭게 일어날 것이다. 나의 의사가 상대에게 충분히 전달되고 있어 경청하는 상대에게 저절로 고마움이 느껴지게 될 것이다. 이 과정에서 이해, 공감, 신뢰, 감사, 기쁨, 희망 등이 복합적으로 경험될 수 있을 것이다. 이런 과정을 통해 나와 너의 연결이 튼튼해지는 것이다.

이렇게 [나–문장 말하기]를 경험하게 되면 [너–문장 말하기]로부터 [나–문장 말하기]로 말하기습관을 개선하여 갈 수 있을 것이다. 이 방법만이 내안에 일어나는 감정, 느낌, 욕구를 해소하여 평정과 안락을 경험할 수 있는 길이다. 내가 이런 상태에 있을 때, 사람들과 자연 속에서 끊임없이 일어나는 일들이 이해가 되고, 아름답게 경험될 수 있는 것이다.

3. 맥락 바꾸기

상담실에서 상담자와 내담자가 편한 의자에 마주하고 앉는 것은 두 사람 간 다른 사람들로부터 방해받지 않고 솔직한 대화를 나눌 수 있도록 맥락을 바꾸어 놓은 것이다. 이렇게 바꾼 맥락에서 상담자는 내담자의 모든 의사소통 행동에 경청할 수 있고, 내담자는 평가·판단하지 않고 경청하는 상담자를 신뢰하게 된 분위기에서 솔직한 자기 표현이 가능하게 되는 것이다. 결국 내담자는 자기 내면에서 자기를 괴롭히고 있는 미해결문제를 제3자적 입장에서 바라볼 수 있게 되고, 그것을 있는 그대로 솔직하게 표현할 수 있고, 상담자의 적극적 경청과 공감적인 반응에 도움받아 해소해 나가게 되는 것이다. 여기에서 자각이 자연스럽게 일어나 자발적인 변화가 일어나게 되는 것이다. 이런 변화는 바뀐 맥락의 도움을 다분히 받은 것이다.

이와 같은 맥락 바꾸기는 모든 대인관계 상황에 확대시켜 적용할 수 있을 것이다. 부모-자녀관계에서도, 교사-학생관계에서도, 상사-부하관계에서도, 동료관계에서도, 우연히 만나는 사람끼리에서도, [듣기]부터 먼저 하여 도움을 주는 쪽과 솔직한 자기 표현으로 도움을 받는 쪽으로 맥락을 바꾸게 되면, 부모, 교사, 상사는 [너-분장 말하기]보다 ["—구나"] 혹은 ["—군요"]로 경청할 수 있게 될 것이고, 동료관계에서도 이런 맥락 바꾸기를 통해 [나-문장 말하기]와 경청을 공평하게 교대할 수 있게 될 것이다.

그런데 일상적인 기존의 관계적 상황은 크게 지배-복종의 맥락이거나 지배-지배의 맥락을 만들어 서로 상처를 주고받게 되는 것 같다. 지배-복종의 관계는 부모-자녀관계, 교사-학생관계, 상사-부하관계, 윗사람-아랫사람관계처럼 통념상 의사소통의 지배적 지위가 주어진 경우이고, 지배-지배의 관계는 대등한 관계상황에서 지배력 다툼이 계속되는 경우이다. 이런 관계맥락에서 우리 대부분은 분노, 슬픔, 열등감, 공포, 불안, 긴장, 초조, 증오, 적개심, 좌절, 절망 등과 같은 느낌과 감정을 많이 경험하게 되는 것 같다. 이런 맥락은 지배력에서 우위에 있으려 하고, 그것이 자기의 생존과 안전에 유리하다는 생각을 하게 만들고 있는 것처럼 보인다.

이런 각박한 생각을 하게 만드는 맥락과 잘못된 언어습관 대부분은 부모-자녀관계 상황에서 발생하는 의사소통방식에서 파생된 것 같다. 부모는 자녀를 양육하는 과정에 자녀의 자연발생적인 많은 행동들을 바로잡아야 할 문제로 보는 시각을 지닌다. 자녀의 생존과 안전이 최대 관심사이기 때문이다. 그래서 자녀의 문제와 부모의 문제를 구분하여 보지 못하고, 자녀의 모든 문제는 부모가 해결해 주어야 하는 부모 소유의 문제로 보게 되는 것 같다. 여기서 습관적으로 사용하게 되는 언어습관이 [너–문장 말하기]이고, 의사소통의 내용과 방식은 분별하고, 평가하고, 판단하고, 충고하고, 조언하고, 지시하고, 명령하고, 경고하고, 위협하는 등이다.

그러니까 우리들 중 많은 사람들이 타인을 부모가 자녀 보듯 착각하면서 살고 있는 것처럼 보일 때도 있는 것 같다. 그래서 [너–문장 말하기]의 이면에 안타까움, 염려, 걱정, 기대, 소망 등이 담겨 있는 것 같기도 하다. 그런데 우리들 대부분은 부모의 [너–문장 말하기]에 반발하여 왔기 때문에 타인의 [너–문장 말하기]에 민감하게 반응하면서 상대의 관심, 염려, 걱정, 기대, 소망 등을 읽지 못하고, 화를 내면서 방어하고, 반격하고 있는지도 모른다.

지배–복종의 관계맥락은 대등적 관계맥락으로 바꾸어야 한다. 대등적 관계맥락은 지배자와 복종자가 함께 노력하여야 만들어지는 것이다. 지배적 지위를 선호하는 사람은 자신의 세상과 타인을 바라보는 시각에서 허용과 존중을 많이 하는 [수용 영역]을 넓혀가는 노력을 하여야 할 것이고, 복종적 지위를 강요당하고 있다고 여기는 사람은 자신의 세상과 타인을 바라보는 시각에서 원망과 적대를 많이 하는 [불수용 영역]을 좁혀가는 노력을 하여야 할 것이다.

만약 지배적 지위를 선호하는 사람들이 상호의존적 연결을 바탕으로 하는 순환적 시각과 함께 수용 영역을 넓혀가는 노력을 한다면, 대등한 관계 맥락을 만들 수 있을 뿐만 아니라 [너–문장 말하기] 언어습관은 허용을 전제로 [경청]하는 듣기습관으로 개선되어 갈 것이다. 만약 복종적 지위를 강요당하고 있는 사람들이 상호의존적 연결을 바탕으로 하는 순환적 시각과 함께 불수용 영역을 좁혀서 대등한 관계 맥락으로 인식을 개선하여 가는 노력을 한다면, 복종하고 동의하고, 사과하는 언어습관 대신에 정당한 [자기 주장]을 기꺼이 할 수 있는 언어습관으로 개선되어 갈 것이다.

이런 노력을 통해 복종적 지위를 강요당하고 있는 사람들은 복종당하기를 단호하게 거부하는 ["나는 복종을 강요당하는 것이 싫습니다."]로 말할 수 있고, 지배적 지위를 선호하는 사람들은 자신의 언동을 솔직하게 사과하여 ["잘못된 언어습관으로 본의 아니게 상처를 주게 되어 미안합니다."]로 말하여, 지배 – 복종의 관계맥락은 대등적 관계맥락으로 개선하여 갈 수 있을 것이다. 지배 – 지배의 관계맥락도 이와 비슷한 노력을 함께 할 수 있다면, 대등적 관계맥락으로의 전환이 가능할 것이다. 이렇게 바뀐 대등적 관계맥락에서 정당한 자기 의사 즉, 욕구, 느낌, 감정을 [나 – 문장 말하기]와 [적극적 경청]을 교대함으로써 상호욕구충족이 가능할 것이다. 이런 정당한 주고받기가 가능한 대등적 관계맥락에서만이 이해, 공감, 신뢰, 감사, 사랑, 기쁨, 안락, 희망 등이 경험될 수 있을 것이다.

4. 안경 바꾸기

우리 모두는 자기만의 독특한 안경을 통해 세상을 바라보면서 살고 있다. 그래서 이 세상이 조화롭고 아름답게 보일 수도 있고, 보기 싫은 것과 보기 좋은 것으로 구분되어 보기 싫은 것이 더 많이 보일 수도 있다. 조화롭고 아름답게 보인다면, 있는 그대로의 이 세상을 즐기면서 살아갈 수 있을 것이다. 그리고 보기 싫은 면이 더 많이 보이고 있다면, 이 세상을 보기 좋은 것으로 바꾸어야 한다는 생각을 하게 되어, 계속 분별하고 평가하고 판단하면서 괴롭고 힘들게 살아갈 수 있을 것이다. 이렇게 되는 것은 전적으로 성장과정에서 만들어진 시각의 차이에서 비롯되는 것이다.

성장과정에서 편향된 시각을 지니게 된 사람들은 그 시각 하나 때문에 일생을 괴롭고 힘들게 살아갈 수밖에 없으니 안타깝기 그지없다. 부모들이 편향된 시각을 가지고 있어서 그들의 자녀들에게 이 세상의 추한 면은 아름답게, 악한 면은 착하게, 나약한 면은 강하게, 거친 면은 부드럽게, 거짓은 정직하게 등 하나의 양면에서 한 쪽을 부정하도록 강조해 오고 있다. 나아가 자녀들의 행동에 대해서도 끊임없이 분별하고 평가하고 판단하여 금지하고 제한하는 언어습관을 사용하고 있다. 이런 성장과정을 통해 자녀들의 시각은 추하고, 악하고, 나약하고, 거칠고, 거짓투성이의 면들이 더 많이 보이고 경험하도록 만들어진 것이다.

이러한 현실은 부모들의 탓이기 보다 다분히 양자택일적인 시각을 강조해 온 우리나라 특유의 유교적 전통과 과학분야의 뉴턴의 물리학에서 비롯된 인과적 인식론이 합세한 결과로 보인다. 인과적 시각은 이 세상과 타인들 속에 자기도 포함되어 있다고 생각하지 못하게 만든다. 주체로서 자기가 이 세상과 타인들을 바라보고 있으며, 객체로서 세상과 타인들을 끊임없이 분별하고, 평가하고, 판단하도록 만들고 있는 것이다. 여기서 자기도 원인일 수 있다는 생각을 망각하게 되는 것이다. 이로 말미암아 문제는 나쁜 것이고, 문제의 원인은 자기 밖에 있다고 여기게 만든 것이다.

인과적 시각은 이 세상과 타인들을 흑백(黑白), 명암(明暗), 선악(善惡), 정사(正邪), 미추(美醜), 고저(高低), 강약(强弱) 등으로 양분하여 택일하게 만든다. 인과적 시각은 이 세상은 물론 타인들을 반만 보면서 살아가도록 만든 셈이다. 양분되어 상반된 성향은 하나의 양면이며, 순환하며, 서로를 보완하며, 구심력과 원심력으로 균형을 이루고 있는 점을 망각하도록 만든 것이다. 나아가 인과적 시각은 끊임없이 완결 혹은 문제해결을 요구하고 있기 때문에 생각을 끊임없이 하게 만들고 있다. 완결의 추구는 미해결문제를 끝까지 해결하려는 경향을 갖게 만들어, 그 원인을 끊임없이 생각하게 이끌고 있는 것이다. 그런 생각은 문제해결에 도움이 되고 있는 것이 아니라 문제를 더욱 복잡하게 만들면서 자기를 괴롭히고 있다는 사실을 망각하게 만들고 있는 것이다.

인과적 시각은 과거-현재-미래의 시간 연속성을 믿게 만들고 있다. 원인은 과거에 있고, 미래는 그 원인의 재발을 막아야 한다는 생각에 빠진다. 그래서 우리들 중 많은 사람들은 생각의 시제가 과거 아니면 미래에 가 있게 되는 것이다. 과거는 이미 지나가 버렸고, 미래는 아직 오지 않았는데, 생각은 거기에 가 있으니 현재 즉, [여기-지금]에 집중하는 삶을 살지 못하는 어리석음을 되풀이 하게 만들고 있는 것이다.

인과적 시각은 결정론적인 운명을 믿게 만들어 왔다. 단일 원인이 결과를 만들고 있다고 잘못 인식하고 있는 것이다. 이 세상에서 일어나는 모든 일은 직간접으로 연결되어 자연의 이치에 따라 일어나고 있으며, 다분히 확률적인 과정을 포함하고 있는데, 이를 운명적으로 결정되는 것으로 보게 되니, 우리 마음은 비애, 슬픔, 좌절, 절망으로 가득 차게 되어 괴롭기만 한 것이다.

인과적 시각은 끊임없이 [왜 질문]을 하게 만들고, [왜]로 질문하는 언어습관을 만들고 있다. 모든 사람들은 [왜 질문] 받기를 싫어한다. 어릴 때부터 부모의 [왜-질문]들로 적지 않은 상처와 고통을 겪어 왔기 때문이다. 자기도 싫어하는 [왜] 질문을 타인들을, 그리고 이 세상을 통제하고, 조종하는 수단으로 사용하면서 살고 있는 것이다. 통제되거나 조종될 수 없는 것을 통제하고 조종하면서 살게 되니 분노와 좌절만 겪게 되는 것이다.

만약 우리가 인과적 시각의 색안경을 벗어 버리는 노력을 할 수 있으면, 세상을 있는 그대로 바라볼 수 있을 것이고, 타인들을 있는 그대로 인정하는 생활을 할 수 있을 것이다. 그러면 이 세상에서 일어나고 있는 일들에 대한, 타인들의 삶과 행동에 대한 허용과 존중의 수용 영역이 점점 넓혀질 것이다. 나아가 어두움은 밝음을, 낮음은 높음을, 어리석음은 지혜로움을, 더러움은 깨끗함을, 개으름은 부지런함을, 거짓은 정직을, 복잡함은 단순함을, 미움은 사랑을, 오해는 이해를, 구심력은 원심력을 등 서로 보완하고 있는 모습을 볼 수 있게 될 것이다.

이것은 인과적 안경을 벗어버리고 순환적 안경으로 개선하는 것이다. 순환적 안경은 색안경이 아니라 색깔이 없는 투명한 안경이다. 그래서 양면 모두가 보이는 것이다. 이 세상에서 양면이 서로를 보완하면서, 구심력과 원심력으로 균형과 조화를 이루는 아름다운 모습을 즐길 수 있게 돕는다. 이는 인과적 시각을 순환적 시각으로 바꾸어 가는 과정에서 경험될 수 있는 것이다.

순환적 시각은 주체와 객체를 이원론적으로 보지 않고, 일원론적으로 보게 만든다. 나는 주체인 동시에 객체로 역할을 교대할 수 있다고 보는 것이다. 이것은 주체가 일방적으로 객체를 통제하는 모습이 아니라 주체와 객체의 쌍방적 소통과 상호작용의 모습을 볼 수 있게 만든다. [나]와 [너]는 더 큰 하나에 속해 있으면서 유기적으로 연결되어 있고, 역할을 수시로 교대하면서 서로를 보완하고 있다는 것을 믿게 만든다. 여기에서는 어느 누가 비난받아 마땅한 원인일 수가 없는 것이다.

순환적 시각은 어떤 미해결문제도 해결할 수 있는 것으로 보게 만든다. 이 세상에 존재하는 모든 것은 연결 속에서 상호작용 중에 있으며, 상호작용의 진화과정에서는 앞의 미해결문제는 뒤이은 상호작용이 보완적 균형을 저절로 찾아간다고 보게 만들기 때문이다. 따지고 보면, 미해결문제라고 명명하는 것은 주체로서 실패한 사건과 객체로서 상처받은 사건이 단지 기억 속에 남아서 잊지 못하고 있는 망상에 불과한 것이다.

순환적 시각은 과거와 미래의 시간 연속성을 부정할 수 있게 만든다. 시간은 연속적으로 존재하는 것이 아니라 여기–지금에 존재할 뿐이며, 그 길이는 전적으로 주관적이라고 본다. 여기–지금 하고 있는 일이 즐거우면 시간은 짧게 경험되며, 즐겁지 않으면 시간은 길게 경험된다는 것이다. 연결 속에서 일어나고 있는 사건을 평가·판단하지 않으면 [있는 그대로] 보고 감상을 즐길 수 있다는 것이다. 시간은 여기-지금의 연속일 뿐이라는 것이다.

순환적 시각은 양자택일이 아니라 양자 모두를 똑같은 비중으로 바라보게 만든다. 낮이 더 좋다거나 밤이 더 좋다고 보지 않는다는 것이다. 양자는 상호보완적으로 순환하고 있기 때문에 그 순환을 기꺼이 허용하는 자세를 견지한다. 동전의 앞면은 뒷면을 보완하고, 거짓은 정직을 보완하며, 낮은 것은 높은 것을 보완하고, 이들 양면은 낮밤이 순환하듯 자연스럽게 교대하는 것으로 경험되는 것이라고 여긴다. 과거의 나쁜 원인을 제거하여 미래의 좋은 결과를 기대하는 것이 아니라, 현재진행중인 원인과 결과를 동시에 볼 수 있도록 만들어 준다. 이는 인과의 자유로운 교대를 통한 변증법적인 진화를 기대하는 것이다.

순환적 시각은 인과의 일방적인 결정을 부정하게 만든다. 연결 속에서 일어나는 어떤 사건도 확률적으로 선택되는 것이며, 관여된 부분들의 연결의 문제를 살피게 만든다. 이를 테면, 가족에서 일어나는 사건은 가족전체의 연결의 문제로 보며, 부부 간의 문제는 부부가 함께 선택의 과정을 살피게 만들며, 교사-학생의 문제, 상사-부하의 문제, 윗사람-아랫사람의 문제, 여타 집단의 인간관계 문제도 거기에 관여된 연결의 문제를 함께 검토하는 과정을 거치게 만든다. 그래서 순환적 시각은 [왜-질문] 언어습관 대신에 [어떻게] 혹은 [무엇이]라고 질문하여 그 과정의 확률적 선택의 연결의 문제를 함께 검토하여 새로운 시도들을 탐색하도록 돕는다. 차이를 존중하며, 차이를 ["—군요"]로 허용하며, 절충하고 타협하는 노력이 저절로 일어나게 만든다. 차이를 오해하여 발생한 갈등의 문제를 함께 해결하는 노력을 저절로 하게 만든다는 것이다.

5. 관계 바꾸기

　우리가 일상생활에서 사용하게 되는 언어습관이 분별하고, 평가하고, 판단하고, 더 나아가 충고하고, 조언하고, 경고하고, 위협하며, 비난하는 것으로부터 상대를 있는 그대로 허용하고, 존중하여, 공감하고, 신뢰하는 방식으로 바뀐다면, 모든 관계에서 불안, 긴장, 공포, 열등감, 의심, 분노, 증오, 좌절감, 절망감이 사라질 것이고, 대신에 편안, 즐거움, 기쁨, 공감, 신뢰, 사랑, 희망, 고마움, 감사가 경험될 수 있을 것이다. 이는 전적으로 닫힌 관계와 열린 관계의 차이에서 오는 것이다.

　우리가 살아가면서 맺는 관계의 수는 헤아릴 수 없이 많다. 그러나 우리가 스스로 의미를 부여하는 관계의 수는 극히 제한되어 있는 것 같다. 우리가 관계하는 모든 것이 나름의 에너지를 지니고 있고, 그리고 에너지를 교환함으로써 서로를 유익하게 만들어 함께 유지되고 진화되고 있다. 그런데 우리 인간은 너무 오만하여 그 관계를 무시하거나 경시하거나 제외시키는 경우가 많아 보인다. 우리가 가능한 한도까지 열려 있어서 관계 중인 모든 것과 에너지를 교환할 수 있다면, 우리는 지금보다 훨씬 넘치는 활력을 가지고 행복하게 살아가는 길이 열릴 것이다.

　우리는 세상에 존재하는 모든 것과 열린 관계를 맺을 수도 있고, 닫힌 관계를 맺을 수도 있을 것이다. 열린 관계를 하는 사람은 존재하는 모든 것에 자신을 개방하여 서로 간에 유용한 에너지를 교환하는 마음과 자세를 지니고 있으며, 닫힌 관계를 하는 사람은 세상에 존재하는 모든 것에 대해 자기에게 이로운 것과 해로운 것으로 구분하며 이로운 것에는 접근하고 해로운 것에는 멀리하는 마음과 자세를 지니고 사는 것 같다.

　열린 관계를 하는 개방적인 사람은 바람이 불어서 좋고, 비가 내려서 좋고, 풍년이 들어서 좋고, 한여름 뜨거운 햇빛아래 개미들이 열심히 일하고 있는 모습이 좋고, 한여름 밤 개구리 우는 소리가 애절하게 들려서 좋고, 나무가 쉴 수 있는 그들을 만들어 주어서 고맙고, 파리들이 청소를 해 주어서 고맙고, 태풍이 바다 속을 청소해 주어서 좋고, 밤하늘에 별빛이 아름다워서 좋고, 풀벌레 노래가 합창이어서 좋고, 뜨거운 태양이 땀과 함께 노폐물을 배출해 주어서 좋고, 구름이 뜨거운 태양 볕을 가려주어서 좋고, … 등 이 모든 것이 함께해서 좋고, 여유롭고, 즐겁고, 기쁘고, 고맙고, 행복한 것이다.

반면에 닫힌 관계를 하는 폐쇄적인 사람은 자기에게 이로운 것과 해로운 것을 분별하여야 하기 때문에 생각이 많고, 바쁘고 힘들게 살아가고 있다. 그들은 자연을 자기 중심적으로 평가하고 판단하며, 타인들을 역시 평가하고 판단하며, 만나는 모든 것을 이로운 것과 해로운 것으로 구분하며, 급기야 그 모든 것에 접촉하는 조건을 붙이게 된다. 그들은 스스로 연결을 차단하여 엄격한 경계를 구축하여 가기 때문에 그 폭이 좁혀져 가고, 나아가 의심이 증가하고, 두렵고, 불안하고, 슬프고, 외롭고, 자연과 타인들을 비난하고, 결국 자기를 원망하는 힘든 삶을 살아가고 있는 것이다.

따라서 닫힌 관계하기는 열린 관계하기로 개선하여 가는 생각과 노력을 해 볼 수 있을 것이다. 그러려면, 우선 [나]와 접촉하는 모든 것에 경계를 풀어 일단 허용하는 언어습관을 실천해 볼 수 있을 것이다. 그것은 어렵지 않다. 내가 보고, 듣고, 느끼는 현상마다 ["—구나"]로 반응해 보는 것이다. 구분하지 않고 ["—구나"]로 반응하면 그동안 제외시켜 온 것이 느껴지고 전체가 보이고 경험될 것이다. 그러면 그것이 연결되는 의미가 이해되고 공감되어 감탄하면서 감사하는 마음이 일어날 것이다. 이와 같은 방식으로 내 마음 속에서 일어나는 분노, 두려움, 불안, 열등감, 긴장, 부끄러움, 슬픔, 질투, 욕심 등도 조건 없이 ["—구나"]로 허용하면, 그것은 나름의 에너지를 가지고 자기를 방어하는 역할을 수행한 다음 점차 해소되어 갈 것이고, 그 자리에 사랑, 이해, 공감, 감사, 기쁨, 즐거움, 희망 등이 채워져서 에너지를 나누는 경험이 일어나게 될 것이다.

6. 신체건강 바꾸기

많은 사람들은 신체건강이 일상생활에서 사용하는 언어습관과 밀접하게 연관되어 있다는 사실을 모르고 사는 것 같다. 그러나 [왜 질문]을 하고, 상대의 변명을 추궁하여, 그 원인을 규명하고, 평가·판단한 다음, 문책하고 경고하고 위협하는 [너–문장 말하기]를 하면서 근육이 긴장되고 심장박동이 증가하고 호흡이 빨라지는 경험을 한 사람은 많을 것이다. 그리고 화가 났지만, 여러 가지 이유로 억제하거나 참는 생활을 해온 사람들은 소화가 잘 안되고, 두통이 주기적으로 일어나 소화제나 두통약을 먹는 생활을 하고 있을지도 모른다. 이런 현상은 언어습관이 신체건강에 직접 연관되어 있다는 증거이다.

앞에서 언급한 바와 같이 평소에 인과적 시각을 지닌 사람들은 자연스럽게 일어나고 있는 현상에서 잘못된 것을 많이 찾으며 보게 되고, 그것을 자기의 기준에 맞게 변화시켜야 한다는 생각을 하기 때문에, [왜 질문]과 함께 분별하고 평가하고 판단한 다음, 경고하고 문책하고 비난하는 말을 많이 하여 짜증이나 화를 많이 내게 되는 생활을 하는 사람들이 있다. 반면에 어쩔 수 없이 화를 억제하고 참으면서 은근히 반발하는 생활을 하는 사람들이 있다. 전자의 사람들은 순환기관에 문제가 발생하며, 후자의 사람들은 소화기관에 문제가 발생할 가능성이 높다.

신체건강은 소화기관들과 순환기관들이 균형과 조화를 이루고 있을 때 가능해지는 것이다. 소화기관들은 우리가 살아가는 데 필요한 에너지를 생산하는 역할을 하고 있으며, 순환기관들은 그렇게 생산된 에너지를 필요한 곳에 적절하게 사용하는 역할을 한다. 다시 말하면, 소화기관들은 자기 안을 지키는 구심력을 만들고, 순환기관들은 자기 밖을 개발하는 원심력을 발휘하도록 한다는 것이다.

하루에 세끼 식사는 활동하는 낮 시간에 필요한 충분한 에너지를 생산하도록 인류가 경험적으로 터득한 습관인 것으로 보인다. 활동하지 않는 밤 시간은 소화기관도 순환기관도 자율적으로 균형을 이루는 휴식을 갖는 것으로 보인다. 그런데 우리의 잘못 습득된 시각과 언어습관이 이런 자율적인 과정을 방해할 수 있다.

이를 테면, 양자택일적이고 일방적인 인과적 시각은 끊임없이 분별하여 평가·판단하게 만듦으로써 존재하지도 않는 위기상황을 연출하고, [항상, 언제나, 반드시, 절대로, 꼭, 하여야 한다든지, 해서는 안 된다든지 등]의 단호한 언어습관은 우리의 신체를 지금 존재하지도 않는 위기상황에 지나치게 대처하도록 만들고 있는 것이다. 이런 상황에서 우리 신체의 자율신경계의 교감신경은 흥분되어 순환기관들을 활성화 상태에 있게 만들고, 부교감신경은 억제되어 소화기관들은 비활성화 상태에 놓이게 만들고 있는 것이다.

문제는 이런 상황이 반복적으로 되풀이되어 순환기관들과 소화기관들의 활동상 균형이 깨어지는 생활이 지속된다는 것이다. 결과적으로 순환기관들을 지나치게 활성화시키는 사람들과 소화기관들을 과도하게 비활성화시키는 사람들로 대별되는 상황이 만들어지고 있는 것이다. 이를 테면, 화를 지나치게 많이 내면서 사는 사람들과 화를 지나치게 많이 참으면서 사람들이 있는 것이다. 화를 내면서 사는 사람들은 급격하게 화를 내어 순환기에 상처가 생기는 반면에 소화는 잘 되는 편이고, 화를 참으면서 사는 사람들은 오랜 시간 소화기관들을 비활성화 상태에 놓이게 만들어 소화기에 상처가 생기는 편이다.

화를 내면서 사는 사람들과 화를 참으면서 사는 사람들 모두 잘못된 인과적 시각과 일방적 언어습관의 피해자들인 셈이다. 화를 많이 내면서 사는 사람들은 순환기질환들을 지닐 확률이 높고, 화를 지나치게 참으면서 사는 사람들은 소화기질환들을 지닐 확률이 높은 것이다. 우리들의 잘못된 시각과 잘못된 언어습관이 신체건강에 밀접하게 연관되어 있다는 사실을 우리 모두 자각해야 한다. 그래서 인과적 시각은 순환적 시각으로 일방적인 언어습관은 쌍방적인 언어습관으로 바꾸어 가야 신체건강도 개선되어 건강해질 것이다.

식사습관도 신체건강에 영향을 미친다. 이를 테면, 편식하는 사람의 신체건강은 균형을 자주 상실하게 만든다. 편식은 잘못된 인식과 관련이 있다. 채식이 건강에 좋다든지, 육식이 건강에 좋다든지, 아니면 소식이 건강에 좋다는 식이다. 식사 때 좋은 음식 혹은 나쁜 음식으로 분별하고, 평가하고, 판단하는 일을 끊임없이 하게 된다면, 즐겁고 맛있는 식사를 하지 못하게 될 것이다. 그러면 우리 몸이 음식을 받아들일 준비를 하지 못하게 된다.

식사할 때는 음식들의 각각의 독특한 맛에만 집중하여 그것을 즐기는 것이다. 차이를 허용하여 ["─구나"]로 감탄하면서 그 맛을 음미하면서 오래 씹는 습관이 소화기관들을 활성화시킬 것이다. 이런 순환적 시각과 허용적인 언어습관이 우리들의 신체건강을 더욱 증진시켜 갈 것이다.

운동습관 역시 신체건강과 밀접하게 연결되어 있다. 운동은 신체의 순환기관들을 단련하며, 이를 통해 남은 열량을 태워 청소하여 새로운 에너지를 받아들일 준비를 시킨다. 우리 신체의 근육은 제2의 심장이라고도 한다. 남은 지방을 태워 심장의 부담을 그만큼 덜어주기 때문일 것이다. 이와 같이 분별하지 않고 즐겁게 운동하는 습관을 지닌다면 신체적 균형과 조화는 저절로 이루어질 것이다.

7. 심리건강 바꾸기

　평소 생활하면서 생각을 많이 하고, 그 생각에 얽매이는 사람들은 마음 편케 살지 못하는 사람들이다. 현재 당면하고 있는 상황을 문제라고 생각하여 지나치게 걱정하고, 이런 문제상황은 과거의 실수 때문이라고 생각하여 후회를 많이 하고, 미래 닥칠 일에 대해 너무 염려하면서 살고 있다. 이들은 앞에서도 지적해 왔듯이 인과적 시각을 지니며, 자기 밖에 문제가 있다고 생각하며, 그것을 변화시키려고 끊임없이 분별하고 비교하고 평가·판단하고 충고·조언하고 경고·위협하는 언어습관을 시도한다. 이로 말미암아 화가 많이 나고, 실망하고, 좌절하고, 절망하여 마음은 갈수록 지쳐가 삶이 지옥처럼 괴롭다.

　자기 밖의 문제를 보고 흥분하게 되는 사람은 자기 안의 문제를 보는 연습이 필요하다. 자기 밖에 문제가 있다고 보이는 것은 이미 자기 안에 그것을 문제로 보는 시각이 형성된 탓이다. 마음의 문제는 모두 자기 경험의 탓인 것이다. 그래서 자기 밖의 문제를 해결하면 자기 안의 문제가 해결되는 것처럼 착각이 일어나고 있는 것이다. 그런데 자기 밖의 타인들이나 세상을 변화시키는 것은 계란으로 바위치기처럼 불가능한 것이다. 그것은 중력이 있는 곳에 존재하는 [작용－반작용의 법칙] 때문이다. 반작용을 이기기 위해 작용을 계속 강화시켜야 하기 때문에 그 삶은 끝없이 힘들고 괴로운 것이다. 세상에 일어나는 모든 변화는 자발적으로 일어나는 것이다. 그래서 저절로 일어나고 있는 변화를 경험하는 시각이 필요한 것이다.

　자각은 자기를 있는 그대로 허용하고 존중함으로써 가능하다. 자기 속에서 일어나고 있는 모든 것도 자연현상이기 때문에 자각은 그것을 관찰함으로써 자연스럽게 일어나게 되는 것이다. 내 안에 일어나고 있는 모든 생각과 느낌들은 순환하고 있으며, 그 순환을 허용하고 존중함으로써 마음이 정화되고 평화로워지는 것이다. 순환적 시각은 허용을 전제로 하는 것이다. 내 마음 속에서 일어나는 미움을 허용하여 흘러 보내면 뒤이어 연민과 사랑이 찾아오는 것이다. 이와 같이 분노도 흘러 보낼 수 있고, 불안도, 공포도, 열등감도, 슬픔도, 억압도, 괴로움도, 좌절과 절망도 흘러 보낼 수 있는 것이다. 그러면 우리는 용서, 편안, 안도, 자유, 자신감, 기쁨, 즐거움, 사랑과 희망이 경험될 수 있을 것이다. 이렇게 자기 안의 문제가 해소되면 자기 밖에서 일어나고 있는 일들이 문제로 인식되지 않을 것이다.

이와 마찬가지로 신체와 정신도 하나의 양면이다. 신체건강은 정신건강과 유기적으로 연결되어 있다. 몸이 아프면 마음이 괴롭고, 마음이 즐거우면 몸도 더불어 즐거운 것이다. 그런데 많은 사람들이 몸과 마음은 별개라고 잘못 알고 있는 것 같다. 그리고 우리들 중 적지 않은 사람들이 마음속에 자기모습을 그려놓고, 마음에 들지 않은 자기의 한쪽을 마음에 드는 다른 쪽으로 바꾸어 가려는 노력을 그치지 않고 살아간다. 바꾸어질 수 없는 것을 계속해서 개선하려고만 하니 우리 대부분은 그 많은 날들을 자기 모습에 실망하면서 그리고 괴로워하면서 살아가고 있는 것이다. 이 모두는 자기 안의 문제인 것이다.

자기 마음에 들지 않은 자기 모습을 타인들이 알아보고 자기가 자기를 싫어하듯이 싫어할 것이라고 생각한다. 그래서 그런 자기 모습을 타인들에게 보이지 않으려고 애써 노력하면서 힘들게 살고 있는 사람들이 많다. 필요 이상으로 긴장하고, 불안해하고, 두려워하여 우리 마음은 편하거나 즐거운 날이 없이 열등감으로 힘들게 괴로워하면서 살아가는 것이다. 사실은 우리 모두가 그런 모양이니 타인들의 그런 모습에는 신경 쓸 겨를이 없다. 그럼에도 불구하고 우리 대부분은 어리석게도 이렇게 착각하면서 살아가고 있는 것이다. 그리고 자기 마음에 들지 않은 자기의 반쪽을 생각하면서 살아가고 있으니, 사실 우리는 자랑스러운 반쪽으로 살고 있는 것이 아니라 부끄러운 반쪽으로 살고 있는 셈이다. 이렇게 하다가 잘못하면 자기의 어두운 그림자를 자기라고 여기면서 평생을 부끄러워하면서 살아갈 수도 있다. 그래서 우리는 우리가 태어났을 때의 자기의 온전한 모습을 되찾을 필요가 있는 것이다.

우리가 자기 모습을 부끄러워하도록 만든 사람들이 있다. 공자사상에 영향을 받은 우리의 조상과 우리를 낳아 길러 준 부모와 교사와 그리고 사회지도자가 우리를 온전하게 키우려고 노력하는 과정에서 끊임없이 사용한 [고치라고 지적하는] 잘못된 언어습관이 우리의 부끄러운 모습을 보게 만들어 온 것이다. 그래서 우리는 끊임없이 분별하고, 평가하고, 판단하게 된 것이다. 사실 이런 과정에서 잘못한 그들이 있었던 것이 아니라 이상만 추구하는 그들의 잘못된 언어습관이 있었을 뿐인 것이다. 현 시점에서 나름대로 최선을 다해 온 그들을 원망하거나 탓할 필요는 없으며, 다만 우리 스스로 개선하는 노력이 필요할 뿐이다.

앞에서 반복적으로 언급해 온 바와 같이 이제 우리 스스로 나 자신을, 타인들을, 그리고 이 세상을 바라보는 인과적 시각을 순환적 시각으로 바꾸어 가는 노력과 함께 일상적으로 사용하는 언어습관을 [제한과 금지]로부터 [존중과 허용]의 메시지를 전달하는 방식으로 바꾸어 가는 노력을 할 시점에 이른 것으로 보인다. 우리는 우리 자신의 부끄럽게 여기고 개선하려고 했던 반쪽을 자기를 방어하고 지켜주는 반쪽으로 존중하고, 그것들이 드러남에 기꺼이 허용하는 ["―구나"]의 언어를 사용하도록 다짐해야 할 것으로 보인다.

만약 이런 다짐이 실천으로 옮겨진다면, 자기의 온전한 모습을 되찾아가는 길이 보일 것이다. 자기가 부끄럽게 여기는 부정적인 측면들이 자기가 자랑스럽게 여기는 긍정적 측면들을 보완해주고 있다는 것이 경험될 것이다. 사실 스스로 부끄럽게 여겨 온 부정적 측면들은 불안, 긴장, 초조, 두려움, 열등감, 슬픔, 억압, 분노, 증오, 좌절, 절망 등의 감정적 에너지로 자기를 지키는 구심력을 만들어 온 것이다. 나에게 이런 개성을 지니도록 도운 이런 측면들을 이제는 부끄럽게 여길 것이 아니라 소중하게 여기면서 오히려 감사해야 할 것이다.

물론 이런 감정들 상태에 놓여 있는 순간의 나는 괴롭고 힘들게 느껴질 것이다. 이것은 나를 외부 위험으로부터 방어하는 당연한 대가로 여기면 된다. 이렇게 하다보면 괴롭고 힘들지언정 자기가 부끄럽지는 않을 것이다. 부끄러워하고 배척해 왔던 자기의 구심력을 자기를 지켜주는 반쪽으로 받아들일 때, 자기의 온전한 모습이 찾아질 것이다. 이 단계만 성공하면, 자기는 다음 단계로 저절로 진화하고 있는 경험을 하게 될 것이다.

그림자 수준에서 자기 수준으로 진화하면, 필요 이상의 위기상황을 만들지 않을 것이다. 불안이 느껴지면, "나는 지금 불안함을 느끼고 있구나."라고 스스로에게 말하고, 타인들에게 기꺼이 공개하는 문장 ["나는 지금 여러분들 앞에 실수하게 될까봐 떨리고 불안합니다"]의 말을 하는 것이다. 그러면 나는 계속 불안에 떨 필요가 없을 것이다. 불안은 나를 지키는 구심력으로 충분히 작용한 셈이다. 그래서 더 이상 불안할 필요가 없어진 것이다. 이렇게 실천하는 생활을 하다보면, 불안이 나를 지켜주는 구심력으로 작용하고 있다는 경험을 하게 될 것이다. 우리가 생활하면서 가끔 느껴지는 불안, 긴장, 초조, 두려움, 억압, 열등감, 슬픔, 분노, 증오, 좌절, 절망 등을 존중하여 허용하면, 비로소 편안, 이완, 즐거움, 기쁨, 자유, 지혜, 이해, 공감, 사랑, 희망 등의 감정들이 저절로 찾아올 것이다. 심리적 안녕은 있는 그대로의 자기 모습을 허용하고 존중함으로써 낮과 밤이 순환하듯이 자연의 이치에 따라 경험될 수 있는 것이다.

8. 인생 바꾸기

인생 바꾸기는 그간 되풀이되고 있는 삶의 방식을 바꾸어 괴롭고 힘든 일이 되풀이되지 않도록 만들어 가는 과정을 설명한다. 이 과정의 출발점은 언어습관 하나 바꾸기부터 실천하면 가능해질 것으로 보인다. 그것은 분별하고, 평가하고, 판단하고, 비교하여 비난하고, 질책하고, 경고하고, 위협하는 [너－문장 말하기] 습관을 중단하고, ["－구나"] 혹은 ["－군요"]로 듣기부터 실천하는 것이다. 예를 들면, 퇴근하여 귀가하는 남편 혹은 아내의 표정을 살피고 "오늘은 당신 표정이 즐거워 보여요." 혹은 "오늘은 당신 표정이 힘들어 보여요."와 같이 경청하는 [듣기]를 하면, 상대는 [나－문장 말하기]로 하루 경험한 이야기를 자연스럽게 하게 되어, 즐거움은 배가 되고, 피곤함은 반감되는 경험을 하도록 도울 것이다. 이런 듣기습관은 귀가하는 자녀들에게, 이웃이나 친지에게, 동료나 친구에게, 만나는 모든 사람들에게 실천할 수 있게 된다면, 자연스럽게 도움을 먼저 주고, 다음 돌려받는 생활이 가능해질 것이다.

이와 같이 언어습관 바꾸기를 꾸준히 실천해 가다보면, 관계방식이 개선되어 상호존중과 친밀이 경험될 것이고, 사고방식도 개선되어 생각하기보다 지혜로움이 발휘되는 여유가 경험될 것이고, 점차 세상을 바라보는 시각이 개선되어 삶의 괴로움은 기꺼이 받아들여 흘러 보냄으로써 삶의 즐거움이 더 많이 경험될 것이다. 우리의 인생은 언제나 미완성 상태이다. 그저 완성을 향해 노력할 뿐이다. 인생살이는 괴롭고 힘든 것을 거부하지 않고, 즐겁고 편한 것에 집착하지 않을 수 있다면, 그냥 살만한 것으로 경험될 수 있을 것이다. 인생살이의 많은 부분이 각자 생각 나름으로 다르게 경험될 수 있는 것으로 보인다. 자기가 가는 길이 괴롭고 힘들다고 생각하면 그 길은 괴롭고 힘들게 느껴질 것이고, 자기가 스스로 선택해서 가는 길이 즐겁고 쉽다고 생각하면 즐겁고 쉽게 느껴질 수도 있을 것이다.

그러므로 인생살이의 많은 부분이 생각하기를 바꾸면, 괴롭고 힘든 길이 즐겁고 쉬운 길로 개선되어 갈 것이다. 그것은 간단하고도 명료하다. 통제를 생각하면 괴롭고 힘들고 실망하고 결국 좌절감에 빠질 것이고, 연결을 생각하여 먼저 들어주기를 실천하면 즐겁고 쉽고 희망하고 결국 감사하게 될 것이다. 연결을 생각하면, 서로 에너지를 주고받게 되니, 쉽고 편하며, 서로 의심하지 않으니 괴롭지 않으며, 서로 신뢰하고 감사하니 즐겁고 신나게 되는 것이다.

다양한 관계에서 에너지 교환이 원활한 연결이 있고, 원활하지 못한 연결이 있는 것 같다. 사람들이 저마다 독특하게 지닌 가치, 신념, 관념, 확신, 사고방식, 언어습관 등이 인간관계의 연결의 성질에 영향을 미치고 있는 것으로 보인다. 태어나서 성장하는 과정에 생존과 안전에 필요한 에너지를 자기 밖으로부터 얻어야 한다는 확신을 지니게 된 사람은 관계를 자기에게 유리한 방향으로 통제하려는 의사를 은밀하게 실천하게 될 것이고, 반면에 보다 성숙한 사람들은 자기 안에 넘치는 에너지를 필요한 사람들에게 나누어 주어야 한다는 확신을 지니게 되어 공정한 거래의 의사를 솔직하게 전달하는 [듣기]의 언어습관을 실천하게 될 것이다.

자기 밖의 것들을 통제하려는 의사를 지니게 된 사람은 주로 다른 사람들의 약점을 찾으려 하며, 그리고 약점을 공격하여 자기에게 유리한 방향으로 지배하려고 한다. 그 결과 지배 — 복종의 상보성 관계를 만들거나 지배 — 지배의 대칭성 관계를 만들게 될 것이다. 이런 관계에서는 서로 의심하여, 지배 — 복종의 언어습관 아니면 지배 — 지배의 언어습관을 사용하여 에너지 교환이 원활하게 일어나지 않으며, 결과적으로 분노, 의심, 불안, 긴장, 공포, 슬픔, 좌절, 절망 등으로 연결이 왜곡되거나 단절될 것이다. 이런 과정에 통제의 언어습관(분별, 평가, 판단, 비난, 위협, 경고 등)은 더 강력해지고, 결국 본인도 통제하지 못하는 괴로움을 반복하는 삶을 살아가게 될 것이다.

제한과 금지를 위주로 하는 통제의 언어습관은 부모–자녀 간, 부부 간, 형제 간과 같은 가까운 인관관계에서 치열하게 사용되며, 여기에서 생활하게 된 사람들이 사회로 나와서 통제의 언어습관과 의심을 확산시켜 가고 있는 것이 지금 우리 모두 겪고 있는 사회현실이다. 통제의 언어습관이 인간관계를 왜곡시키고, 관계당사자 모두를 힘들고 괴로운 삶으로 이끌고 있는 것이 현실이다. 그래서 우리 모두 이렇게 힘들고 괴롭게 살아갈 것이 아니라 에너지를 공유하고 공정하게 나누어 활용하여 더 많은 에너지를 생산할 수 있는 언어습관에 관심을 가질 필요가 절실해 보인다.

인간관계의 연결은 에너지의 원활한 교환을 통해 일어난다. 상대가 관심기울이고 들어주니 고맙고, 나도 그에게 관심기울이고 들어주게 되는 것이다. 먼저 들어주는 언어습관은 상대에게 에너지를 기꺼이 나누어주는 행위이다. 내가 10의 에너지를 주었는데, 상대는 그것을 절실하게 바라고 있었던 것이기 때문에 20의 에너지를 받은 것으로 감사하는 마음상태가 될 것이다. 그래서 되돌려 줄 때, 20의 에너지에 감사하는 마음을 보태어 30의 에너지가 될 수도 있을 것이다. 이런 주고받기를 통해 연결이 지속될수록 에너지가 배가 되어가는 관계가 만들어져 가는 것이다. 이런 연결은 우리가 신뢰를 나누는 친밀한 관계에서는 충분히 경험되고 있는 것이다. 이런 교환을 여타 관계에서도 자연스럽게 일어나도록 노력하는 것이 우리의 인생살이를 보다 즐겁고 편하게 만들어가는 길이라 여겨진다.

이런 연결을 인간관계를 넘어 자연, 생물, 미생물, 무생물, 우주로 확장시켜 갈 수 있을 것이다. 예를 들면, 들길이나 산길을 걸을 때, 눈에 보이는 풀들, 꽃들, 나무들, 귀에 들리는 풀 벌래 노래, 산새들 노래, 실개천 흐르는 물과 바위의 속 사귐, 시원한 바람, 바람과 나뭇잎의 속 사귐, 밤 하늘의 찬란한 별빛들 등 모두와 연결을 느끼며, 들어주기와 말하기를 나눌 수 있다면, 나는 자연과 더불어 우주와의 대화가 가능할 것이다. 만약 이런 일이 나에게 일어난다면, 나는 우주수준까지 확장되어 무아의 상태에 이를 수도 있게 될 것이다.

잠깐 눈을 돌려 내안의 연결을 들어다 볼 수도 있을 것이다. 소화기관들과 순환기관들의 연결이 있고, 의식과 무의식의 연결이 있고, 감정과 이성의 기능이 연결되어 있다. 내안의 이런 연결은 나－너의 연결, 그리고 나－우주의 연결과 동일한 이치에서 작동하고 있는 것이다. 내안의 연결이 균형과 조화를 이루고 있으면, 나－너의 연결도 듣기와 말하기의 균형과 조화가 있을 것이고, 나－우주와의 연결에서도 주고받기의 균형과 조화가 있을 것이다.

우리 신체 안의 소화기관들은 외부로부터 에너지원(음식들)을 섭취하여 순환기관들이 생존과 안전을 위해 사용할 수 있는 에너지를 생산하고 있으며, 순환기관들은 필요한 에너지를 사용한 다음 휴지상태에 들어가 소화기관들이 충분한 에너지를 생산하도록 돕는다. 소화기관들과 순환기관들은 자율신경계에 의해 상호의존적으로 연결되어 작동하고 있다. 그런데 우리의 생각이 잘못된 가치, 신념, 확신 등에 의해 있지도 않은 위기를 조장하여 순환기관들을 필요 이상으로 활성화시킬 수 있다. 그러면 순환기관들(폐, 심장, 혈관, 근육, 감각기관들 등)에 과부하가 생기고, 소화기관들(침샘, 식도, 위, 장, 간, 신장 등)을 무력화시켜 신체의 생리적 균형이 무너지는 결과가 초래될 수 있을 것이다.

의식과 무의식 그리고 감정과 이성의 활동도 신체의 생리적 과정과 같은 이치에 따라 작동하고 있다. 무의식에서 파생된 의식은 무의식의 의도를 실천하는 기능을 수행한다. 생존과 안전이 그 중요한 기능이며, 소속하여 집단을 이루어 안전을 공고히 하고, 자기 성장의 노력을 계속하여 삶의 활력을 고양하도록 자존감을 증대시키고, 잠재력을 개발하여 자기실현에 이르도록 기능한다. 그래서 의식이 쉬고 있을 때, 무의식은 의식이 해결하지 못하고 있는 문제의 해답을 끊임없이 제공하고 있다. 잘 때 꿈을 통해, 잠에서 깨어날 때 잠재의식을 통해, 식사, 휴식, 운동 등을 하면서 의식이 쉬고 있을 때 그 단서나 메시지를 전하고 있다. 무의식의 존재를 믿고, 그 단서나 메시지를 받으며 감사하는 사람은 무의식의 무한한 지혜와 접촉하는 삶을 살아갈 수 있을 것이다.

감정과 이성의 활동도 상호의존적이다. 감정이 활성화되어 있을 때는 이성은 비활성화 상태에 있다. 그래서 감정이 격화되면 격해진 감정대로 행동하는 실수를 범하게 된다. 특히 생존과 안전에 위협이 되는 상황에서 작동하는 불안, 공포, 긴장, 초조, 열등감, 슬픔, 분노 등의 감정상태는 이성을 마비시키기에 충분하다. 만약 잘못된 신념, 가치, 확신 등으로 존재하지도 않는 위기상황을 연출한다면, 계속해서 불안, 공포, 긴장, 초조, 열등감, 슬픔, 분노 등의 감정으로 이성이 마비된 상태에 놓이게 될 것이다. 이런 경우 잘못된 신념이나 확신을 바로잡아야 하겠지만 그보다 앞서 그런 감정상태를 허용하는 언어습관을 실천하는 것이 중요하다. 있는 그대로 자연을, 타인을 허용하듯이 있는 그대로 나를 허용함으로써 가능한 것이다.

나를 허용하고, 타인을 허용하고, 자연을 허용하는 언어습관을 실천하면, 인생은 즐겁고 편안하게 개선되어 갈 것이다. 어떤 생각이 일어나면, "이런 생각이 일어나고 있구나."라고 뇌이면서 허용하고, 분노가 일어나면, "화가 많이 나는구나."라고 하면서 허용하면, 그 생각과 감정이 이성의 활동을 방해하지 않을 것이다. 그러면 타인도 같은 방식으로 허용할 수 있고, 세상에 일어나는 일들도 허용할 수 있고, 태풍도 허용할 수 있고, 밤하늘에 빛나는 별빛을 보며 감탄할 수 있을 것이다. 따라서 인생살이는 즐겁고 편안하게 개선되어 갈 것이다. 미완성의 인생은 순조롭게 완성을 향해 나아갈 것이다. 나도 통제할 수 없고, 타인도 통제할 수 없고, 이 세상도 통제할 수 없고, 자연도 통제할 수 없기 때문에 오직 허용을 전제로 한 연결을 통해서 만이 즐겁고 행복한 인생을 살아갈 수 있다고 믿는다.

9. 사/생관 바꾸기

　우리 인간의 관념 속에서는 시작과 끝이 있는 것처럼 보인다. 우리 주변에서 일어나고 있는 현상을 보면 더욱 그러하다. 흐르는 물은 호수나 바다에 이를 때까지 흐른다. 태어난 것은 결국 죽음에 이른다. 그런데 시작과 끝, 호수나 바다에 이른 물, 태어남과 죽음은 우리 인간들의 관념 속에서 일어나는 현상이지, 자연의 이치에서 보면 끊임없이 순환하고 있는 것이다. 물리학적으로 설명되고 있는 [질량불변의 법칙]이 이런 순환을 증명하고 있다. 호수의 물은 증발하여 비가 되어 내리고, 그 빗물은 개울과 강을 따라 흐르고 호수나 바다에 이르며 다시 증발한다. 태어남과 죽음도 같은 이치로 끊임없이 순환하고 있는 것이다.

　자연이치로 보면 삶과 죽음은 하나의 양면임에 분명한데, 우리 대부분은 삶에는 안도하고 죽음에는 불안하고 두려워한다. 우리의 생각이 삶의 생명과정은 좋은 것이고, 죽음의 쇠퇴과정은 나쁜 것이라고 보고 있기 때문이다. 그런데 따지고 보면, 생명과정과 쇠퇴과정은 동시에 진행되고 있는 것이다. 예를 들면, 쉬지 않고 작동하는 심장의 펌프질은 생명과정이며 동시에 쇠퇴과정임을 부정할 수 없을 것이다. 심장의 과도한 펌프질은 생명과정의 과잉반응을 통해 그만큼 심장의 쇠퇴과정을 촉진하고 있음이 분명하다. 이렇게 보면, 생명을 유지할 최소한의 심장박동은 심장의 쇠퇴과정을 그만큼 지연시킬 것이다. 따라서 우리의 생각이 삶의 생명과정을 건강하게 유지하는 기술과 죽음의 쇠퇴과정을 기꺼이 인정하는 기술을 똑같이 중요하게 여길 수 있어야 할 것이다.

　이런 순환론의 시각으로 보면, 우리는 악(惡)을 허용함으로서 선(善)의 실현을 증대시켜 갈 수 있는 것이다. 선과 악은 순환하는 것이기 때문에 그 순환을 막지 않음으로써 우리는 선의 경험을 증대시켜 갈 수 있다는 것이다. 마찬가지로 우리는 삶과 죽음이 동시에 진행되고 있기 때문에 죽음의 공포를 인정함으로써 삶의 기쁨을 더욱 증대시켜갈 수 있다고 보는 것이다. 낮과 밤이 순환하듯이, 삶과 죽음도 끊임없이 순환하고 있어서, 우리는 그 순환을 허용함으로서만이 죽음의 공포에서 벗어날 수 있을 것이다. 그런데 우리의 욕심이 죽음을 거부함으로써 그 공포는 배가 되어가고, 거부할 수 없는 것을 거부하다 보니 절망하면서, 죽음의 그늘 속에서 겨우 연명해 가는 형국을 연출하게 만들고 있다.

우리가 낮과 밤의 순환에서 밤을 두려워하지 않듯, 언젠가는 삶과 죽음의 순환에서도 죽음을 두려워하지 않을 수 있게 될 수 있을 것이다. 이 부분은 이 글을 쓰고 있는 저자도 노력하고 있는 중이다. 저자는 언젠가 그런 확신이 경험되기를 소망한다. 저자는 죽음에 대한 염려와 지나친 두려움으로 순환기관들을 과도하게 사용하게 만들어 오히려 죽음을 재촉하는 어리석음에서는 벗어난 것 같은 생각이 든다. 이것은 우리들이 수시로 느끼는 죽음의 공포를 허용하는 ["―구나"]의 언어습관을 실천함으로써 가능할 것이다. 우리의 생각이 지나치게 분별하고 평가하고 판단하는 언어습관 대신 우리 신체의 쇠퇴과정에 대해 허용하고 존중하는 언어습관을 실천할 수 있으면, 화, 불안, 긴장, 공포, 열등감, 슬픔, 좌절, 절망 등을 덜 경험하게 될 것이고, 결과적으로 죽음도 삶을 보완하는 다른 한쪽으로 바라볼 수 있는 여유가 생길 것이다.

짧은 주기의 삶과 죽음의 순환은 일생에 한번 있는 긴 주기의 삶과 죽음의 순환으로 이어져 간다. 일생이라는 어휘는 우리의 생이 한번으로 끝나버린다는 의미도 있고, 우리의 생이 또 다른 생으로 이어져 간다는 의미로도 받아들일 수 있을 것 같다. 만약 우리의 생이 한번의 죽음으로 끝나버린다는 의미로만 받아들이게 된다면, 일생을 살면서 못 다한 미해결문제에 대해서 미련과 한이 남아 억울하고, 이제 생이 끝나버려 그 기회마저 없어진다는 생각으로 임박한 죽음을 거부하면서 공포에 떨 수 있을 것이다. 그러나 임박하고 있는 죽음이 다음 생으로 이어지는 순환의 과정으로 받아들일 수 있다면, 기꺼이 죽음을 맞이할 뿐만 아니라 이어지는 다음 생을 통해 영혼을 더욱 진화시킬 수 있다는 희망을 가질 수 있을 것이다. 우리의 생각은 후자를 선택하여 믿을 수 있을 뿐만 아니라 그대로 실천할 수 있는 잠재력을 지닌다.

어쩌면 삶과 죽음은 인간의 선택의 문제가 아닐 수 있다. 그것은 이 세상에 존재하는 모든 것들과 그들의 연결을 주재하는 신(神)의 영역일 수 있다. 죽음의 세계에 대해서는 과학적으로나 합리적으로 설명할 수 없는 신비한 부분들이 존재하고 있기 때문이다. 여기서 저자는 이 세상에 존재하는 모든 것들과 연결 속에 살고 있는 우리들이 그 연결을 삶을 풍요롭고 행복하게 만들어 가는 방향으로 발전시켜갈 수 있는 방법에 관심이 있을 뿐이다. 그 방법의 출발점은 제한과 금지의 언어습관으로 의심과 반발을 증대시키고 불안과 공포를 조장하여 모든 관계를 왜곡시키거나 단절시키고 있을 뿐만 아니라 삶을 더욱 괴롭고 힘들게 만들고 있는 현실을 타개할 수 있다는 믿음이다.

삶과 죽음은 연결 속에 진행되고 있는 것이다. 연결은 상대를 믿고 허용함으로써 정당한 교환이 일어날 수 있게 만들어질 수 있는 것이다. 정당한 교환은 의심하여 강제하는 것이 아니라 믿어주기부터 시작하는 것이다. 인간관계에서 믿어주기는 들어주기로부터 시작되는 것이다. 관심기울이기로 상대의 신체적·언어적 표현을 들어주는 것이다. 그것은 상대에게 표현할 기회를 먼저 주어 존중해주는 행위이다. 상호존중을 교환하는 연결은 믿음과 친밀을 증대시켜 산술적 합 이상의 산출을 만들어 낼 것이다. 허용으로 연결을 만들어가는 사람은 자기 내면에서 일어나는 여러 대극성도 순환하는 것으로 바라볼 수 있고, 나아가 삶에 대한 죽음도 허용하는 자세를 지니게 될 것이다. 허용의 언어습관을 지니게 된 사람은 삶의 기회를 감사하는 마음으로 받아들일 수 있을 뿐만 아니라 삶의 대극성인 죽음도 기꺼이 수용할 수 있을 것이다.

이 글을 쓰는데 도움된 저·역서

◇ 相談의 理論的 接近(공저, 형설출판사, 1984)
◇ 자율적 인간육성의 원리(공역, 형설출판사, 1986)
◇ 자율적 인간육성을 위한 父母敎育(공역, 형설출판사, 1987)
◇ 家族治療 入門(공역, 형설출판사, 1988)
◇ 個人, 關係, 全體水準의 系列的 介入을 통한 家族相談의 一 模型(박사학위논문, 1990)
◇ 상담과 심리치료를 위한 변화(공역, 중앙적성출판사, 1995)
◇ 워크북 자기성장의 길: 개인성장 관계발달 가족기능화(저서, 중앙적성출판사, 1996)
◇ 결혼의 신기루(공역, 정담사, 1997)
◇ 가족상담의 이론과 실제(저서, 경상대학교출판부, 1999)
◇ 결혼이야기: 안경을 바꾸면 행복한 결혼이 보인다(역서, 중앙적성출판사, 2000)
◇ 자기성장 집단상담 모형과 프로그램(저서, 중앙적성출판사, 2001)
◇ 가족기능화상담 모형과 프로그램(저서, 중앙적성출판사, 2002)
◇ 아버지 이야기: 아버지를 사랑해야 하는 이유(저서, 중앙적성출판사, 2003)
◇ 자기성장 이야기(저서, 중앙적성출판사, 2004)
◇ 변화의 미학: 나는 너를 변화시킬 수 없다(저서, 중앙적성출판사, 2006)
◇ 친밀한 부부관계의 전제와 실제적 기술(공저, 경상대학교출판부, 2007)

저자약력

김선남
경북대학교 사범대학 교육학과 졸업
경북대학교 교육대학원 상담심리 전공 졸업
계명대학교 대학원 교육학과 박사졸업(상담심리 전공)
현재: 경상대학교 명예교수
　　　한국집단상담학회 집단상담전문가
　　　한국상담학회 수련감독(집단상담)전문상담사
　　　한국가족상담협회 수련감독(가족상담)전문상담사
　　　경상대학교 평생교육원 심리상담사/가족상담지도사 주임강사

김성현
경북대학교 대학원 교육학과 박사졸업(상담심리 전공)
한국교육개발원 객원연구원
한국상담학회 최우수학술상 수상
미래를 여는 청소년학회 총무위원장
송원대학교 학생상담센터장
현재: 송원대학교 상담심리학과 교수

의사소통기술과 언어습관

초판발행	2019년 12월 30일
지은이	김선남·김성현
펴낸이	노현
편 집	우석진
기획/마케팅	이영조
표지디자인	벤스토리
제 작	우인도·고철민
펴낸곳	㈜ 피와이메이트
	서울특별시 금천구 가산디지털2로 53 한라시그마밸리 210호(가산동)
	등록 2014. 2. 12. 제2018-000080호
전 화	02)733-6771
f a x	02)736-4818
e-mail	pys@pybook.co.kr
homepage	www.pybook.co.kr
ISBN	979-11-6519-013-2 93370

copyright©김선남·김성현, 2019, Printed in Korea

정 가   8,000원

박영스토리는 박영사와 함께하는 브랜드입니다.